H… Library

言で楽しむ日本史

半藤一利

平凡社

本著作は二〇〇二年四月、『この国のことば』と題して平凡社より刊行されたものです。

目次

第三章　源氏と平家——諸行無常・盛者必衰…………57

糸のみだれのくるしさに／賀茂川の水、双六の賽、山法師／一生幾何ならず、来世近きにあり／武者の世になりにけり／情けは人のためならず／ほのかに夢に見えたまふ／乗せて行け／京の五条の橋の上／進退これ窮まれり／花咲かば告げよといいし／親も討たれよ、子も討たれよ／それへそれへ／もとの白髪となりにけり／鎧が重うなった／公達あわれ／この矢はずさせ給うな／見るべき程の事は見つ／泣く子と地頭には勝てぬ／昔を今になすよしもがな／心姿よく詠む／死したりとも、われを守護せよ／花の下にて春死なむ／馬は吠え牛はいななく世／日本一の大天狗／おごれる人も久しからず

第四章　鎌倉・南北朝——野に叫ぶ宗教家たち…………83

衆生を救うために／身はいやしく心はたかく／ゆく河の流れは絶えずして／消えも失せばや／茶は養生の仙薬なり／山はさけ海はあせなむ……／荒き波風心して吹け／ただ道理という二文字／散りゆくものは道義なりけり／紅旗征戎、吾が事に非ず／洗面せず／善人なおもて往生をとぐ／下剋上／今の世の人のこは／神風／我というは煩悩なり／天勾践を空しうすることなかれ／大将は智恵をもって肝要とす／剣投ぜし古戦場／朕の新儀は未来の先例となろう／なき数に入る名をぞとどむる／万の事はたのむべからず／本を得ば末を愁うことなかれ／文武両道／人生五十、功なきを愧ず

はもっとも優秀／焼くな埋めるな野に捨てて／天下何ぞ為すべき時なからむ／留め置かまし大和魂／ただただ誠心誠意あるのみ／月も朧に白魚の……／散りての後ぞ世に匂いける／散るもめでたし桜花／胸懐は洒落とあらまほし／一里行けば一里の忠／土蔵の一つもつけてやる／待った／日本の前途を案ずればこそ／朝敵の汚名／おもしろきこともなき世をおもしろく／日本をせんたくいたし申し候／最後の手段をとるのみ／錦の御旗／天地の公道に基づくべし／快く受く、電光三尺の剣／哀しみの声街市に満つ／黒い猫は来ているだろうか／江戸ヲ称シテ東京トセン／こしぬけ武士の越す峠／一世一元／一心大切／世界の知識を児童に与えること／すまんのう

第九章　明治初期——新国家づくりの痛み……………239

平民／東京招魂場／ただ思はるる国の行末／米百俵／わが輩のほうはよかでごわす／文明開化の音がする／謹慎沈黙、思慮を尽くさずんば……／醜体陋風見るに忍びず／汽笛一声新橋を／魔法で生き血をしぼられる／血税反対／目の黒いうちは所信を曲げぬ／裁判長、私は……／尊敬し合い、愛し合い／どちらさまも、ご免くださいまし／日曜は休日とすべし／ダンナハイケナイ／しもうた！／越すに越されぬ田原坂／少年よ、大志を抱け／児孫の為に美田を買わず／国賊！　天誅だ！／父の仇覚悟せよ

第一章　飛鳥・奈良

万葉びとの春秋

1 「世間虚仮《せけんこけ》 唯仏是真《ゆいぶつぜしん》」——聖徳太子の最後の言葉

〔六二二年〕

日本統一の大仕事は聖徳太子にはじまる。推古天皇の摂政として、太子は政務をとり、豪族たちの争いを、「和」の一字をもって見事に治める。太子の理想は、仏法を通して国家を統一し、文化を世界的水準にたかめることにあった。

その聖徳太子の「和を以て貴しとなす」(『憲法十七条』)を名言という人が多い。もう一つ、六〇七年の遣隋使小野妹子《いもこ》にもたせた国書の「日出ずる処の天子、書を日没する処の天子に致す、恙無《つつが》きや」の名文句がある。こっちを好む人も多いかも知れぬ。いずれにしても、聖徳太子その人の言葉ではなく、それは親族である蘇我《そが》氏の強大な権力をバックとしての政治的な言葉にほかならない。しかし、もし真にそうした理想を貫くならば、つまり真の和の世界を築くなら、崇峻《すしゅん》天皇を殺害するまでに強力になった蘇我氏を倒さねばならないのではないか。政治家としての太子の苦悩は深かった。

太子の政治改革は三十五歳までで終わる。あと四十九歳までの人生は、夢殿にこもり苦悩に沈む太子の沈黙の姿。そして西暦六二二年二月二十二日、太子は夢殿で没する。わたくしは自殺したと考えている。それだけに太子の残された言葉としての「世間虚仮《せけんこけ》 唯仏是真《ゆいぶつぜしん》」(世の中のことは虚《むな》しい、仏の教えのみが真実である)を美しい名言としたい。

2「吾《わ》が一つの身をば賜《たま》う」——山背大兄王が襲われる

｜六四三年｜

皇極《こうぎょく》天皇二年（六四三）十一月一日の深夜、聖徳太子の遺児である山背大兄王《やましろのおおえのおう》が突然、蘇我《そがの》入鹿《いるか》の軍勢に襲撃された。

政治の全権を握ろうとする蘇我一門にとっては、亡き父の聖徳太子への信望も残っているし、天皇の後継者と衆目が認めている大兄王は、邪魔な存在でしかない。性急な権力欲にせかれて入鹿は、大兄王を殺してしまったほうが将来の禍根を断つことになると、この挙に出た。

はじめは強く抵抗したものの、衆寡敵《しゅうかてき》せず、これまでと覚悟した山背大兄王は、斑鳩寺《いかるがでら》に入り、入鹿の兵と戦うことなく、子《し》弟妃妾《ていひしょう》とともにそろって自害する。そのときの悲痛な言葉が歴史に残っている。「それ身を捐《す》てて国を固めばまた丈夫《ますらお》にあらずや」といい、さらに、「吾《わ》が一つの身をば、入鹿に賜《たま》う」

無残に殺されるよりも自ら死を選ぶ。日本人の歴史をとおしてしばしば現れるこの覚悟のほどは、もうこんな大昔からあったのである。滅びるものは美しいという美意識も。

聖徳太子いらいの名族である上宮王家《じょうぐうおうけ》はここに滅亡する。その報告を受けた入鹿の父の蝦夷《えみし》は「何と愚かなことを。つぎは入鹿の番だ」と慨嘆したという。事実、この事件が、やがて大化改新につながっていくことになる。

3 「私に何の罪があるッ」——大化改新の惨劇

六四五年

その日——皇極天皇の四年（六四五）六月十二日、朝から土砂降りの雨であった。飛鳥板蓋宮《あすかのいたぶきのみや》の大極殿で、蘇我入鹿《そがのいるか》は頭から肩へ一太刀を受け、第二の太刀で足を払われ、どうと倒れた。皇極女帝の裳《も》の裾《すそ》をにぎりしめて叫んだ。

「私に、何の罪があるというのかッ」

女帝は振り払ってかまわず奥へ入ってしまう。斬《き》ったのは中大兄皇子《なかのおおえのおうじ》と中臣《なかとみの》（藤原）鎌足《かまたり》である。史上これを大化改新とよんでいる。

悪政をただすために倒し、政治を正しいものに戻す、そのための強硬手段であったと。『日本書紀』には豪雨のなか「席障子《むしろしとみ》を以《もっ》て、鞍作《くらつくり》（入鹿）が屍《しかばね》に覆《おお》う」と、悪人の最期を無残なものとして書いているが、はたしてどんなものか。

作家坂口安吾の卓見が思い出されてくる。

「大化改新というのは悪政をただす政権奪取のクーデターなんかではなかった。蘇我天皇家を倒すという武力革命だった、そうみるべきなんだがな」

入鹿の最後の言葉は最高の為政者としての矜持《きょうじ》に満ちている。〝天皇制〟がまだ確立されていない時代とみれば、安吾さんの説はまことに正しいというほかはない。

4　「磐代《いわしろ》の浜松が枝《え》を引き結び」——有間皇子の処刑

六五八年

古代日本には多くの政争があり、有能な人をつぎつぎに死に至らしめている。中大兄皇子《なかのおおえのおうじ》と対立した孝徳天皇が死ぬとともに、政争に巻き込まれたその子の有間皇子《ありまのみこ》もその一人。父の死とともに皇子は、狂気をよそおい、争いの外に出ようとするが、策謀は周りにぎっしりと張りめぐらされていた。蘇我赤兄《そがのあかえ》にそそのかされ挙兵の謀議に加わったとの嫌疑で捕らえられ、紀伊に護送される途中、有間皇子は絞首刑に処せられる。斉明天皇四年（六五八）十一月十一日のこと。

『万葉集』巻二にある有間皇子の歌がこの悲劇を伝えている。

「磐代《いわしろ》の浜松が枝《え》を引き結び真幸《まさき》くあらばまたかへりみむ」

と、皇子は磐代（和歌山県みなべ町）で松の枝を結び、無事に帰ることを願ったが、空しく終わることになる。古代には、木の枝や草の茎を結び、無事を祈り、または身の占いとする風習があった。歌の悲痛さからは、皇子には無事ですまぬという予感があったように思われる。

この悲劇は後世の人々に衝撃を与えたゆえに、「岩代の」は松にかかる歌枕《うたまくら》として定着する一方で、順徳天皇の歌学書『八雲御抄《やくもみしよう》』は「ことのおこり憚《はばか》りあり、禁中にてはこの歌枕詠むべからず」としている。無念の死をとげた人は怨霊となると信じられていたのである。

5 「潮《しほ》もかなひぬいまは漕《こ》ぎいでな」——額田王、道後温泉へ

〔六六一年〕

初期の『万葉集』をかざる代表的歌人・額田王《ぬかたのおおきみ》というと、「あかねさす紫野行き標野《しめの》行き野《の》守《もり》は見ずや君が袖ふる」が多くの人に好まれている。なかには、「熟田津《にぎたつ》に船乗《ふなの》りせむと月待てば潮《しほ》もかなひぬいまは漕《こ》ぎいでな」のほうが名歌だと主張するヘソ曲がりがいる。どっちもいい歌だが、好みを言えといわれれば、わたくしは熟田津のほうだと答える。この一首には、まさに戦いに出陣しようとする人々の心を奮い立たせるに充分な力がみなぎっている。古来、歌とはそのような呪術《じゅじゅつ》的な力をもつものと信じられていた。額田王はそのような巫女《みこ》的な存在であったという。

ところで、この歌の歴史的背景は——斉明七年（六六一）一月十四日、斉明天皇はみずから軍隊を率いて、いまや新羅《しらぎ》に攻められて滅びんとしている同盟国・百済《くだら》の国を救援するために九州へ向かい、途中で伊予の熟田津に近い石湯行宮《いわゆのかりみや》に宿泊した。つまりいまの松山市の道後温泉。額田王も随行して温泉に入ったのは間違いない。で、いい心持ちで「熟田津や」とやったんだ、なんてアホな説もある。

ちなみに、熟田津とは夏目漱石の名作の『坊っちゃん』が、赤ふんどしの船頭の漕ぐ船で到着した松山市近郊の高浜港か三津浜港のあたり。景色のよろしい海辺である。

6「いかさまに思ほし召せか」——近江大津京への遷都

［六六七年］

西暦六四五年の武力革命によって蘇我《そが》氏を倒した中大兄皇子《なかのおおえのおうじ》は、長く皇太子のまま政務に当たってきたが、天智六年（六六七）三月十九日、都を飛鳥より近江大津に移し、翌年一月三日に天智天皇として即位した。ところが世論はこの遷都を喜ばなかった。しかし、飛鳥に蟠踞《ばんきょ》する旧勢力の煩《わずら》わしさから逃れるためには、どうしても遷都は必要なことであった。

天智の娘の持統天皇の代になって、柿本人麻呂《かきのもとのひとまろ》はこう歌った。

「……天《そら》にみつ大和を置きて、（中略）いかさまに思ほし召せか、天《あま》さかる鄙《ひな》にはあれど、いわ走る淡海の国の、ささなみの大津の宮に……」

つまり宮廷のほとんどの人が「いかさまに思ほし召せか」、どういうお考えがあってのことか、と遷都をいぶかったのである。この新都はわずか五年後の、六七二年の壬申《じんしん》の乱で灰燼に帰し、荒廃した。

しかし、歴史の面白さは政治的な権謀術数をよそに文化が華々しくこの新都大津宮を舞台に花開いたということ。「万葉の朝」はここで完全に明け放たれた。妙な話ながら。

民心がかならずしも要求していないのに、変化を求めて強引に政策を実行すると、結果は何をうむか、というプラスマイナスの例として学ぶ必要があるかもしれない。

7 「始《はじ》めて候時《とき》を打つ」——時の記念日

〔六七一年〕

日本各地に、どこどこ時間などと称する時間がある。一時間や二時間遅れたって、会合には一向差し支えがない。が、そんな時間にルーズなのは文明人として恥というもの。欧米なみに正確な時間の観念をもち、生活の合理化をすすめなければならない。というわけで、記念日が決められたのは大正九年の六月十日。すなわち「時の記念日」。

決めた理由はもちろん、ちゃあんとある。『日本書紀』の天智天皇十年（六七一）の条である。ここに「夏四月《うづき》の丁卯《ていぼう》の朔辛卯《さくしんぼう》に、漏剋《ろうこく》を新しき台《うてな》に置く。始《はじ》めて候時《とき》を打つ。鐘鼓を動《とどろか》す」とある。ちょっぴり解説すれば、漏剋つまり水時計が日本ではじめてチンチンチンと時を告げたわけである。これを現行の太陽暦に直すと、つまり六月十日にあたる。『万葉集』にも読み人知らずの歌がある。

「時守《ときもり》の打ち鳴《な》す鼓数《つづみよ》み見《み》れば時にはなりぬ逢《あ》はなくもあやし」（二六四一）

わかりやすく訳せば、約束の時間になっているのにあいつはまだ来ない、心配なんだなあ。

いま、滋賀県大津市の近江神宮の境内に水時計が復元されている。よく出来てはいるが、ほんとうにこんなので「鐘鼓を動す」ことができたのかな、『日本書紀』も張り扇の講釈調で書かれているんだな、といつも思う。

8「わが手を取らめ」——『日本書紀』編集開始

六八一年

天武十年（六八一）三月十七日、川嶋皇子《かわしまのみこ》や天武天皇の皇子である舎人親王《とねりしんのう》が勅を賜って修史事業を開始した。それが官撰《かんせん》の史書『日本書紀』編集の起源、とされている。完成は養老四年（七二〇）である。すばらしい古典なのであるが、昭和戦時期に「神聖不可侵」の正史と祭り上げられたりしたため、ちかごろは白眼視されている向きがある。中身はなかなかに楽しいのに、残念である。

たとえば、こんな話はどうか。皇極三年（六四四）六月のこと、三輪山の山中で猿が居眠りをしている。そこで、こやつメと捕まえようとすると、猿が歌いだした。「向こうの尾根に立っている男が、私の手をとれよ、この柔らかい手よ。たとえヒビでがさがさしていても、われはおまえの手をとるよ、といった」。原文で「わが手を取らめ」、すなわち、手をとるとは求愛の動作なのである。猟師はびっくりして、猿を放っておいて帰ってきたよ。

こんな風に、いわゆる神話だけでなく、伝説・異伝・童謡・記録などが多く載っている。それらがなかなかに愉快なのであるが……。

ただし、官製の歴史書ゆえに、天武天皇に不利な史料はいっさい採用されていない。壬申の乱（六七二年）などはまことに上手に作られている。

9「今日のみ見てや雲隠《がく》りなむ」――大津皇子の憤死

六八六年

大津皇子《おおつのみこ》は女と逢《あ》う約束をしたのに、女が来なかったので、「あしひきの山のしづくに妹《いも》待つとわれ立ちぬれぬ山のしづくに」（一〇七）（お前を待ちこがれて夜露でびしょぬれになったよ）と歌を贈ったら、返歌がとどけられた。「吾《あ》を待つと君がぬれけむあしひきの山のしづくにならましものを」（一〇八）（あなたをぬらした山の夜露になりたかったわ）。

『万葉集』にある艶《あで》やかな相聞歌《そうもんか》。これでわかるように、天武天皇の第三皇子の大津皇子は頭もよく、容姿も端麗で大そうモテたらしい。それがいけなかった。

朱鳥《しゅちょう》元年（六八六）九月、天武天皇が世を去ると、皇后（のち持統天皇）は人望・才能ともにわが子の草壁皇子《くさかべのみこ》を上回る二十四歳の大津に、はっきりと敵意を示しはじめる。ついに十月二日に謀叛《むほん》の疑いありとされ逮捕、三日には取り調べもないまま大津は自殺に追い込まれる。草壁の皇位継承を確実にするための、皇后の陰謀であったと思われる。

『万葉集』に残る死を前にした皇子の悲痛な歌。

「ももづたふ磐余《いわれ》の池に鳴く鴨《かも》を今日のみ見てや雲隠《がく》りなむ」（四一六）

この磐余の池に鳴く鴨を親しく眺められるのも今日だけで、私はさびしくこの世を去っていくのであろうか。「ももづたふ」は磐余にかかる枕詞である。

10 「虎《とら》が吼《ほ》ゆると」――高市皇子への挽歌

六九六年

古代日本の最大の内戦といえば、壬申《じんしん》の乱（六七二年）ということになる。甥と叔父の関係の、大友皇子《おおとものおうじ》（のち弘文天皇）と大海人皇子《おおあまのおうじ》（のち天武天皇）とが、皇位を争って激闘した。このときもっとも英雄的な戦いぶりを示したのは、大海人の子の高市皇子《たけちのみこ》であった。『日本書紀』や『万葉集』に、その颯爽《さっそう》たる武者ぶりが鮮やかに描かれている。

赤色の布を衣の上につけた高市皇子に率いられた大海人皇子軍は、疾風《はやて》のごとくに大友皇子軍を撃ち破って、突き進み、大友皇子を自決にまで追いつめた。柿本人麻呂《かきのもとのひとまろ》の長歌でも「虎《とら》が吼《ほ》ゆると　諸人の　おびゆるまでに」（一九九）と讃《たた》えられている。天武の御代の完成はこの皇子があってのもの、と言えるかもしれない。

しかし、英雄の寿命はあまりにも短かったようなのである。天武天皇亡きあと天皇位についた持統天皇の十年（六九六）七月十日、あっさりと世を去った。人麻呂は先の長歌で「皇子《みこ》ながら任《ま》け給《たま》へば　大御身《おおみみ》に大刀《たち》取り帯《は》かし　大御手《おおみて》に弓取り持たし　御軍士《みいくさ》を率《あとも》ゐたまひ……」と、その死を心から傷んで歌いあげている。

ついでに書くと高市皇子の歌は『万葉集』に三首あるが、推奨に足るような名歌にあらず。喧嘩の強いやつがあまり文学的ではないのは昔も今も変わりなしなんであろう。

11 「日本」——大宝律令ここに成る　七〇一年

古代国家の基本法典である律令《りつりょう》には、天智天皇の近江令、持統天皇の飛鳥浄御原令《あすかきよみはらりょう》、とあって、つづいて文武《もんむ》天皇が藤原不比等《ふじわらのふひと》たちに命じて制定させた大宝律令（律六巻、令十一巻）をもって完成した、ということになっている。ときに大宝元年（七〇一）八月三日に出来上がり、翌年施行された。律は刑法。令は行政上に必要な法規・制度、つまり今日の民法・行政法に当たる。といっても、二つとも散逸して、原本は伝わっていない。が、大宝律令は『続日本紀《しょくにほんぎ》』などに引用された記載から、その条文の一部を知ることができるそうな。

語りたいのは、そんなシチ面倒な法律の話ではない。実に面白いことに思えるのは、どうも「日本」という国号が法的に成立し、われらが日本人になったのは、この大宝律令においてであった、という。それ以前には日本という国号は存在せず、わが日本人は、中国から侮蔑《ぶべつ》的に呼称されていた「倭国《わこく》」の名称を使用していたらしいのである。

念のために書くが、当時は「ニホン」であって、「ニッポン」ではない。そう発音するようになったのは、外国をニホン人が意識しはじめたときから。肩肘張ってニッポンとやって威勢をつけたものとみえる。スタートは室町時代。謡曲『白楽天』ではニッポンゴクと発音されている。こんなところにも他国と肩を並べたときの、日本人の自意識過剰ぶりが覗かれる。

12「調租《ちようそ》ことごとくに免ずべし」──平城宮への遷都

七一〇年

大宝律令が施行され名実ともに中国に学んで律令国家になった日本には、それにふさわしい都が必要である。まずは唐の都城をモデルに、というわけで遷都が考えられた。史書『続日本紀《しょくにほんぎ》』にこう書かれている。

「このころ、都《みやこ》を遷《うつ》し、邑《むら》を易《か》えて、百姓を動揺す。鎮撫《ちんぶ》を加うるといえども、いまだすることあたわず。朕《ちん》はなはだ愍《あわ》れむ。よろしく、当年の調租《ちようそ》ならびにことごとくにこれを免ずべし」

訳せば、とにかく人心一新のために「都を移したところ、人びとの動揺はいまだに治まらない。非常に心配である。ことしの税金はあらゆる人に平等にこれを免除しよう」というありがたい天皇のお言葉なのである。

和銅三年（七一〇）三月十日、元明天皇は正式に飛鳥《あすか》の藤原宮から平城宮（奈良）に遷都することを宣言された。この記事は前年の二年十月二十八日のもの。新しい都はいま建設中で、決定したわけではなかったのに、国民は大騒ぎであったことがよくわかる。

何事であれ大きな「変化」とはそのようなもの。民衆には大迷惑になる場合が多い。為政者は書類上で簡単に決めるが、よくよく考慮を四囲にはらってもらいたいもの。もっとも、元明天皇のように税金を一年分免除なら話が違うかもね。

13「内はほらほら、外はすぶすぶ」——『古事記』が選上さる　七一二年

前年の和銅四年に元明天皇が太安万侶《おおのやすまろ》に、稗田阿礼《ひえだのあれ》がそらんじている「帝記《ていき》」と「旧辞《きゅうじ》」を筆録することを命じた。いらい安万侶は努力に努力を重ねて、大冊の歴史書を完成させた。これが古代日本の史書『古事記』である。さっそく安万侶は天皇にこれを献じた。ときに和銅五年（七一二）一月二十八日である。

とくれば、「倭《やまと》は国のまほろばたたなづく青垣　山隠《やまごも》れる倭しうるはし」「八雲立つ出雲八重垣妻籠《つまご》みに　八重垣作るその八重垣を」といった古歌を思い出すことであろう。

編者の安万侶の苦心は「序」に示されているように、漢字で日本語の文章を書こうとしたところ。そこで漢字の音をもちいるのと、訓を用いるのとを両用した。たとえば、「内者富良富良」と書いて、「此四字、以レ音」の注がある。「外者須夫須夫」にも同様にある、そんな工夫をしている。

これは大国主命《おおくにぬしのみこと》の物語のなかに登場し、大国主命を救ったネズミの呪文《じゅもん》なんである。「内はほらほら——中はひろびろとした洞穴で、外はすぶすぶ——戸口はせまくすぼまりよ」の意で、安万侶はその音を残そうと、あらゆる知恵をしぼったことがよく分かる。こうして日本最古の歴史書が出来上がったのである。

14　「意《こころ》は金石に等しく」――『風土記』の編纂命令

七一三年

『続日本紀《しょくにほんぎ》』に朝廷から各国庁への編纂《へんさん》命令が書かれている。

「郡や郷の名は好もしい漢字二字で表せ。郡内に産する鉱物・動物・植物を書き出し、土地の肥瘠《ひそう》についても記せ。山川原野の名の由来、古老の伝える昔話などを採録せよ。それらすべてを書物の形にしてさし出すように」

すなわち『風土記』の編纂で、和銅六年（七一三）五月二日のこと。ほとんどが失われて、まとまった形で残っているのは、常陸・播磨・出雲・豊後・肥前の五つしかない。

散逸した「丹後国風土記」のなかの面白い一文を。「意《こころ》は金石に等しく、ともに万歳を期《ちぎ》りしに、何ぞ郷里を慕《した》いて、棄《す》て忘るること一時《たちまち》なる」。

現代語にすると「私の心は金や石と同じように固く、千年も万年もと約束したのに、あなたはどうして故郷のことなど思い出して、私をたちまち棄てて忘れようとするのか」となって、つまりこれは丹後国に伝わる浦島太郎の伝説というわけである。海の底の常世《とこよ》の国で固く結ばれて、すばらしい毎日を送っている私たちなのに、なぜあなたは故郷に帰るというのか、と亀姫は嘆きに嘆く。つまりそのお姫さまの口説きの文句というわけである。

それでも浦島の野郎はお姫さまを捨てて故郷に帰ったらしい。不実なのは常に男？

15「まづ咲く宿の梅の花」——太宰府の梅の宴

七三〇年

天平二年（七三〇）一月十三日、大宰帥《だざいのそつ》の大伴旅人《おおとものたびと》は官邸で、梅見の宴をひらいた。集まって歌をつくるもの三十二名、それは九州は太宰府の役人と、その所在地の筑前国庁の役人たち、それに加わって大宰府所管の諸国の役人も参集している。

とにかく天平の春を華やかにかざるようなにぎにぎしい大宴会であった。このとき詠まれた歌三十二首には、旅人の漢文の序がつけられて、すべて『万葉集』に載っている。ただし、即興であることもあって、儀礼的な歌がどうしても多くなり、かくべつに面白い歌はない。その代表的ないくつかを。

春さればまづ咲く宿の梅の花独り見つつや春日暮さむ（八一八）　山上憶良《やまのうえのおくら》
わが苑《その》に梅の花散るひさかたの天《あめ》より雪の流れ来るかも（八二二）　大伴旅人
年のはに春の来らばかくしこそ梅を挿頭《かざ》して楽しく飲まめ（八三三）　野氏宿奈麻呂《やしのすくなまろ》
春柳かづらに折りし梅の花たれか浮べし酒盃の上に（八四〇）　村氏彼方《そんしのおちかた》

この日は、太陽暦で二月八日、まだ九州は寒気もきびしく、梅が咲くなかで、雪も降り出していたのである。それにつけても、昔の役人は悪いこともせず風流であったことよ。

*官庁としての表記は「大宰府」、九州の地名の表記は「太宰府」。

16「生は貪《むさぼ》るべし、死は畏《お》づべし」——山上憶良の嘆きの死

｜七三三年｜

万葉集の歌人山上憶良《やまのうえのおくら》は天平五年（七三三）三月をすぎて持病が重くなり、五月には世を去ったといわれている。病床にあった憶良は、「沈痾自哀文《ちんあじあいぶん》」なる千二百五十字の漢文を綿々と書きつらねた。文中に「是《こ》の時に年七十有四」とあるから、七十四歳のときの死を前にしての感慨ということになる。

天寿を全うしたものでさえ、死は悲しいもの。ましてや天寿半ばにも満たないのに苦しめられるのは残酷だ、と憶良はいう。彼は七十四になっても、まだ天寿半ばと思っていたらしい。殺生もせず、怠ることなく三宝を礼拝し、神々を崇拝している自分が、重病に苦しむのは何の報いなのだろうか、と恨みに恨む。貪欲《どんよく》ともいえそうな生への執念である。

「生は貪《むさぼ》るべし、死は畏《お》づべし」（生は貪り願い、死は恐れるべきである）

王侯も死んでは富も名誉も権勢も無である。死んだ人は生きている鼠《ねずみ》にも劣る、と憶良は断言する。

戦争中に編まれた『愛国百人一首』で、憶良の歌「士《おのこ》やも空しくあるべき万代《よろずよ》に語り継ぐべき名は立てずして」を材にしてさんざん「男子《おのこ》たるものは……」と教師に叱咤《しった》激励されたが、この歌だってほんとうは無念残念のナゲキ節であったことが今になってよく分かった。

17 「山どりのほろほろと鳴く」——行基菩薩の死

七四九年

天平二十一年（七四九）二月二日、奈良時代の僧の行基《ぎょうき》が亡くなった。享年八十二。といっても、何者なるか、知る人は少なかろう。実はこの人、入唐《にっとう》してはいないが、勉強熱心で唐やインドの仏教を自分のものとし、飛鳥寺の東南の寺で弟子を多く養成する、と、まことにえらい坊さんであった。が、それより、仏教の民間布教につとめたことのほかに、各地に橋をかけたり、用水池や堀や港を作ったり、民衆のための土木工事にものすごく尽くしたというお話のほうが有名である。作家金達寿《キムダルス》の『行基の時代』によると、「すぐれた社会主義者といってもいい」人ということになる。

はじめ朝廷は圧迫を加えたが、その知識や民衆にたいする影響力を無視できなくなった。それで聖武天皇は菩薩号を授けたという伝承もあり、日本最初の大僧正に任じたともいう。が、行基はなんの感動をも示さなかった。

そういえば「山どりのほろほろと鳴く声きけば父かとぞ思ふ母かとぞ思ふ」というこの人の歌を懐かしく思い出す読者も多いか。正直な話、わたくしもこの人を知るのはこの歌だけで、こんどこれを書くために調べてみて、なるほど「菩薩」号を授けられるすぐれた人とはじめて分かった。浅学非才、情けない次第である。

18 「天下の富を有《たも》つ者は朕《ちん》なり」――東大寺の大仏開眼　一七五二年

「天下の富を有《たも》つ者は朕《ちん》なり。天下の勢を有つ者も朕なり。この富勢をもってこの尊像を造ること、事や成り易《やす》くして心や至り難し」

聖武天皇の「大仏造立の詔《みことのり》」の一節。こうして天平十七年（七四五）に、盧舎那仏《るしゃなぶつ》が造られることになった。そして何度も失敗をくりかえしてきたが、天平勝宝四年（七五二）になり、完成の目途がついてきた。

なにしろ仏体と蓮座《れんざ》あわせて一千平方メートルにおよぶ表面に金を塗るのである。いくら天皇と朝廷の富と勢力とで頑張っても、必要量の四分の一くらいしか集まらなかったときもある。それで苦心に苦心を重ねてきたのである。

開眼供養《かいげんくよう》はこの年の四月九日にとり行われた。この日、天皇みずから百官を率いて開眼会《え》を営んだ。読経の僧侶《そうりょ》一万人という。荘厳、華麗さは当時の人の肝を抜いた。『続日本紀《しょくにほんぎ》』にある。「仏法東帰してより斎会《さいえ》の儀、いまだかつて此《か》くの如《ごと》く盛なるはあらざるなり」。

とにかく豪華に豪華にと建立した。もちろん、より大きな中国大陸を意識してのこと。日本人は妙に外国と張り合うときは、身柄以上に大きなものに見せたがるようである。奈良の東大寺の、あのデッカイ大仏さんのお話である。

19 「三笠の山に出でし月」――阿倍仲麻呂の惜別の歌

〔七五三年〕

遣唐使は、いまでいう国費留学生。唐へ渡って大いに勉強し、かならず日本に帰り、お国のために尽くす。したがって帰国することが大事であった。阿倍仲麻呂が日本を発《た》ったのは養老元年（七一七）で、ときに十六歳。ところが彼はその義務を放棄せざるをえなくなる。なぜか？　唐の玄宗皇帝に愛され、唐の朝廷の役人に抜擢《ばってき》されてしまったから。やむなく名を朝衡《ちょうこう》と改め、日本留学生の世話役などをしていた。

こうして唐にあること三十六年、何とか玄宗皇帝より帰国の許可をもらう。が、天候が悪くなかなか船出のときが訪れない。天平勝宝五年（七五三）一月二十一日、ようやくおだやかな海上に月ののぼるのを見る。いざ日本へ。

仲麻呂は唐土の人々に別れに際し歌を詠んだ。

「天の原ふりさけ見れば春日なる三笠の山に出でし月かも」

いま昇りきたる月は、昔に故郷の春日の三笠山にさし昇った懐かしい月なのであると、惜別と望郷、寂寥と期待といろいろにせめぎあう心のうちを淡々と歌う。名歌である。ただし、彼は日本には帰れなかった。海が荒れふたたび唐に戻らねばならなかったゆえ。そしてそれから十七年後に日本への帰国を夢見ながらその地で死んだ。享年七十。

20「御《おん》めの雫《しずく》ぬぐはばや」――唐の高僧鑑真の来日

―七五四年―

奈良の唐招提寺は天平宝字三年（七五九）に唐の高僧鑑真《がんじん》の開基するところ。その鑑真さんの像を拝んだことは、ただの一度しかない。でも、大寺の円い列柱に背をあずけて、ぼんやりものを思うのが好きで、ほんとうになんべんもこの寺を訪ねている。

鑑真は七四二年に日本から懇請されて渡海を決意したが、前後五回にわたって海上で遭難、失明するという悲劇を味わった。しかし、それに屈せず六回目の渡海で、ついに日本の土を踏んだ。それが天平勝宝六年（七五四）一月十六日。東大寺の大仏開眼の翌々年のことである。それは日本に仏教の戒律がはじめて伝わったことを意味する。

といった講釈はともかく、失明の姿そのままの鑑真さんの像（秘仏）は実にすばらしい。静かに閉ざした両眼のあたりには、強靱な意志とともに、内面の深い悟りを伝えている。元禄の芭蕉が鑑真像に対面して、

「若葉して御《おん》めの雫《しずく》ぬぐはばや」

と詠んだのは、まことにムベなるかな。したたるような若葉の雫、それが見えない鑑真の眼にも映じてキラキラしているのである。名句とはこういうのを言うのかも知れない。つまりは鑑真の命懸けの信仰の深い心に、芭蕉もふれることができたからであろうか。

21「恋慕止《れんぼや》み難く、涕泣眼《ていきゅうまなこ》にあらく……」——光明皇后の愛情物語｜七六〇年｜

天平時代を象徴するものにすでに記した東大寺の大仏さんがある。正しくは盧舎那仏像《るしゃなぶつ》であるが、建立したのは聖武天皇。発願されたのが天平十五年（七四三）十月。仏の威霊によって国家の平和と繁栄を得んがためであった。ところが、後世には、聖武天皇が最愛の夫人を亡くしたためだという説が広まったらしい。いかにもセンチ好きな日本人らしい。謡曲『安宅《あたか》』で弁慶が読む「勧進帳」のなかにでてくる。歌舞伎芝居も謡曲になぞらえている。

「……聖武皇帝と名付け奉《たてまつ》り、最愛の夫人に別れ、恋慕止《れんぼや》み難く、涕泣眼《ていきゅうまなこ》にあらく、涙玉を貫く、思いを前途に翻《ひるがえ》して、盧舎那仏を建立す」

この歌舞伎十八番の妻恋しの名調子を聞くたびに、いつも複雑な思いを味わう。聖武天皇の最愛の夫人というのは光明皇后のこと。歴史年表をひらいてみれば、施薬院やら悲田院やらを作って病気の人や飢えた人を救済したり、厚く仏教を信仰し興福寺の五重の塔を造営したりしたリッパにして美しい皇后とわかる。

となると、調べてみれば一目瞭然で、天皇の死は七五六年、光明皇后の死は天平宝字《てんぴょうほうじ》四年（七六〇）六月七日。ああ、この愛情物語、どう考えたっておかしい。それに正倉院のなかには、皇后が奉納した亡き聖武天皇の遺品が多くある事実もあるし……。

22 「聖朝安穏、天長地久」——良弁聖人の祈願の言葉　七七三年

奈良・東大寺の二月堂わきに良弁杉《ろうべんすぎ》とよばれる古木がある。金色の鷲《わし》にさらわれ、両親は必死になって山々を探したが行方不明となった子供がいた。その子供は実は東大寺の義淵《ぎえん》僧正に撫育《ぶいく》され、良弁僧正となっていることがやがて判明する。そして親子はめでたく再会した、という伝説のある杉なのである。つまり鷲は子供を高い杉の木の上に置いて飛び去っていってしまった、それで子供は義淵に救われた、という。

この伝説をそのまま劇化した浄瑠璃が『二月堂良弁杉由来』で、明治の新作浄瑠璃の傑作として評価を得て、のち歌舞伎へも移入されたのはご存じの通り。

良弁僧正といえば、杉の木の上で、「聖朝安穏、天長地久」と祈った言葉が、聖武天皇の耳に達し、それがいまの東大寺建立のはじめとなった、という東大寺の縁起にある伝説がよく知られている。そういえば、昔は天皇誕生日を「天長節」、皇后のそれを「地久節」といったことを思い出す。「天皇の御代は安らかに、朝廷は永遠であるように」という良弁僧正の言葉からでたものか。いや、そうであるに違いあるまい。

いずれにしても大仏開眼ののちに、初代の東大寺別当に任ぜられた伝説の人の良弁は宝亀《ほうき》四年（七七三）閏《うるう》十一月十六日に世を去っている。享年八十五。

23 「うらうらに照れる春日に」——大伴家持の悲劇的な死

「振りさけて三日月見れば一目見し人の眉引《まよびき》思ほゆるかも」（九九四）
大伴家持の十六歳の作品である。三日月を見て女人の眉《まゆ》を連想するのは、陳腐といえばいえるが、それは今の話。いまから千二百七十年ほど前と考えれば、この人の天才ぶりには驚嘆させられる。そしてその家持の、万葉の時代の掉尾《とうび》を飾る見事な歌。
「春の野に霞《かすみ》たなびきうら悲しこの夕影にうぐひす鳴くも」（四二九〇）
「わが屋戸《やど》のいささ群竹《むらたけ》吹く風の音のかそけきこの夕《ゆうべ》かも」（四二九一）
「うら悲し」といい、「音のかそけき」といい、繊細な、感受性の鋭敏な人のみが歌える寂寥感が、見事に表現されている。このすばらしい詩人は、『万葉集』最後の歌を詠んでから二十六年後の延暦四年（七八五）八月二十八日に、奥州の多賀城で没した。享年六十八。が、翌月に京都で暗殺事件が起きると、首謀者のひとりに仕立てられて、遺骨は隠岐の島に流された。なんとも人の世の残酷なことか。
「うらうらに照れる春日《はるひ》に雲雀《ひばり》あがり情《こころ》悲しも独《ひとり》しおもへば」（四二九二）
麗《うら》らかな春の日に雲雀が楽しそうにさえずる。それを聞きながらひとりものを思う身に、寂寥がひたひたと寄せてくる。孤独な人であった。

第二章　京都王朝

才女たちの饗宴

24 「山河襟帯《さんがきんたい》、自然に城を作《な》す」――桓武天皇、平安京へ　七九四年

古代の日本人は、いまになれば珍妙と思えるくらい怨霊《おんりょう》を恐れた。とくに無念の死をとげた人の霊の祟《たた》りを恐れたのである。怨霊史観という言葉があるくらいである。

その幾つかの怨霊の恐怖から桓武《かんむ》天皇は、七十七年間つづいた奈良を捨て、遷都を決心している。皇位について三年後に早くも長岡京へ遷都しようとしたが、責任者が暗殺されたりして中断。ならばさらに北の盆地がよいと、和気清麻呂が建議する。四方を山で囲まれた山背国《やましろ》葛野《かどの》すなわち京都盆地。こうして延暦十二年正月、新都造営のプロジェクトがスタート。

ところが、東西四・六キロ、南北五・三キロの規模雄大な都である。工事は一気にというわけにはゆかない。完成には十年以上の歳月を要するのはもう明らか。が、天皇は悠長に待ってはいられない。造営が半ばまでいってもいなくても構わぬと、翌十三年（七九四）十月二十二日、無理やり新都に移ってしまう。そして十一月八日、詔勅《しょうちょく》を出す。

「山河襟帯《さんがきんたい》、自然に城を作《な》す。……よろしく山背国を改めて山城国となすべし。また子来の民、謳歌《おうか》の輩、異口同辞、号して平安京という」

こうして京都平安京千年の歴史が幕を開けたのである。それにしても、夏は暑く、冬は寒い盆地の都、どうしてそんなに長つづきしたのであろうか。

25「大悲《だいひ》の弓には智恵《ちえ》の矢をはめて」——田村麻呂、征夷大将軍に

七九七年

桓武天皇の信頼の厚かった坂上田村麻呂《さかのうえのたむらまろ》が、征夷大将軍《せいいたいしょうぐん》に任命されたのは、延暦十六年（七九七）十一月五日のこと。坂上氏は渡来人の出身で、代々武人として活躍した。ちなみにわが半藤家の祖は田村麻呂の家臣の武将、半藤宗正。越後国の代官になった勇将である。それでわが半藤家の代々は越後にあった。どうでもいいことか。

田村麻呂その人は「赤面黄鬚《せきめんこうしゅ》、勇力人に過ぐ。将帥《しょうすい》の量あり」と古書に書かれている。というよりも、この人には数々の伝承があって、まことに懐かしい人となっている。第一に、東北地方には田村麻呂が創建したと伝えられる寺社がきわめて多い。また『日本後紀』では、死後に甲冑兵仗《かっちゅうへいじょう》を帯して葬られたと伝えられ、その塚は早くから国家に非常のあるときは鳴動すると考えられてきた。その将軍塚は日本各地にある。さらには謡曲『田村』でその勇壮な活躍ぶりが謳《うた》われている。

ところで、面白いのはその謡曲『田村』で、なかにこうある。

「千手観音の……千の御手ごとに、大悲《だいひ》の弓には智恵《ちえ》の矢をはめて、一度はなせば千の矢先」

いいですか、矢を射るには二本の手が必要なんじゃあるまいか。とすれば、千本の手じゃ五百本しか射ることができないはず。とうてい千本は、と、謡《うた》いながらいつも疑問に感じている。

26「一隅《いちぐう》を照らす」――最澄、根本規定を定める

［八一八年］

比叡山延暦寺をひらいた天台宗の開祖、伝教大師・最澄が天台宗の根本規定である『山家学《さんげがく》生式《しょうしき》』を定めたのは、弘仁《こうにん》九年（八一八）五月十三日である。といっても、信仰心のない人にはさっぱりであろうが、要は、山で修行し学ぶことの重要性を述べ、小乗戒をすてて大乗戒を修める必要を強調したものなんである。さらに、宗教人たるものの大切な勤めとして、社会教化のことにまで、最澄は言及している。一言でいって、この日こそが日本の宗教の最古の教典が定められためでたきとき。

それでも有り難く思わない人のために、分かりやすい最澄の名言を一つ。

「一隅《いちぐう》を照らす」。つまり損得とか報酬とかを求めずに黙々として世のため人のために尽くす、それが大事という教えである。まだよく分からんという人のためにもう一つ。

「道心の中に衣食《えじき》あり。衣食の中に道心なし」

道心とは、仏教に帰依する心をいう。仏教用語では菩提《ぼだい》心という。もっと平たくいえば「慈悲心・良心」である。葬式のときのお布施《ふせ》や戒名《かいみょう》料の収得にばかり気をつかっているちかごろの坊さんは、まさしく「衣食の中に」とらわれた連中で「道心なし」というわけである。こう書けばこの言葉のありがたさ、だれにでも理解されようか。

27「煙霞《えんか》日に夕に飢《う》う」――弘法大師の寂滅

八三五年

弘法大師こと空海、俗に「お大師さん」ほど、北海道をのぞく日本中に伝説を多く残している人はいない。旱魃《かんばつ》で苦しんでいる村に、旅の乞食坊主《こじきぼうず》がやってきて、錫杖《しやくじよう》で地面をコツンと突くと、こんこんと清水が湧《わ》きだした、すなわち「弘法清水」、なんて話は全国にある。民衆の願望をかなえる神秘的な超能力をもっていた僧侶《そうりよ》である。それで、平安時代初期の日本真言密教の大成者・真言宗の開祖ということも忘れ、日本人は親しんでいる。

とりわけ四国。「同行二人」と書いた帷子《かたびら》を着て大師の聖地を巡る。これが八十八カ所の「四国遍路」である。

「同行二人」とは、空海さんと連れ立って修行する、の意である。恋人とラヴラヴしながらの二人というわけではない。念のために書いたが、ちかごろは誤解している連中が車をふっ飛ばしながら遍路さんを気取っているとか。まことに、嘆かわしい世であることよ。

とにかくそのスケールの大きさは日本人ばなれしている。

「……土州室戸崎に勤念《ごんねん》す。谷は響《きよう》を惜しまず、明星来影す。遂《つい》に乃《すなわ》ち朝市の栄華念々に厭《いと》い、巌藪《げんそう》の煙霞《えんか》日に夕に飢《う》う」（『三教指帰《さんごうしいき》』序）、悟ったときの空海の言葉である。栄華なんて空しいものと。亡くなったのが承和二年（八三五）三月二十一日、六十一歳であった。

28 「つひにゆく道とはかねて聞きしかど……」——在原業平の辞世？ 八八〇年

「昔、男ありけり」の『伊勢物語』を読むと主人公のモデルとされる王朝のプレイボーイ・在原業平《ありわらのなりひら》の生涯が、いささか羨ましくなってくる。忍ぶ恋あり、恨む恋あり、悲恋あり、禁断の恋あり、「好色無双」と称されただけのことはある。

そして東京下町は隅田川畔の生まれには、業平とくれば、東下《あずま》りのさいの「名にしおはばいざこと問はん都鳥《みやこどり》わが思ふ人はありやなしやと」の一首なんである。隅田川の都鳥はいまも飛んでいるし、言問橋《こととい ばし》とか業平橋とかの地名も残されている。が、ここでは名歌としてつぎの歌をあげておくことにする。

「つひにゆく道とはかねて聞きしかどきのふけふとは思はざりしを」

これは『古今和歌集』にも『大和物語』にも収録されている。もちろん、『伊勢物語』にもあって「昔、男、わづらひて、心地死ぬべくおぼえければ……」と書いて、さながら辞世の歌のように扱っている。どうせ一度はあの世とやらに、と分かっていても、まさかこんなに早く、という一種の後悔に似た寂しい気持がよくあらわれている。

業平の死んだのが元慶四年（八八〇）五月二十八日。享年五十五。調べてみれば、参議昇進を目前にしながらの死。後悔というよりも無念の気持がこめられているようである。

29「邪は正に勝たず」――菅原道真、左遷の発表

九〇一年

天神さまとして祀《まつ》られている菅原道真は文武両道にすぐれ、弓をひいては百発百中、一夜に漢詩百篇《ぺん》をつくる天才であった。そのため出世も早く、それを妬《ねた》んだ藤原時平らの密告「帝をよく思っていない」を信じた醍醐《だいご》天皇は、道真を右大臣から大宰権帥《だざいごんのそつ》に貶《おと》し、九州に配流することを命じた。昌泰四年（九〇一）一月二十五日のこと。

いよいよ都を去るとき、庭の梅に「東風《こち》吹かば匂《にお》ひ起せよ梅の花あるじなしとて春な忘れそ」と呼びかけ悲しく旅立った。

さらにその年の九月十日には、「去年の今夜清涼に侍す　恩賜の御衣いまここにあり……」の漢詩をつくり、これも詩吟でいまも多くの人に詠じられている。人は失意の時代にこそ読むものの心を打つよき詩がつくれるのか。

道真は不遇のうちにその地で二年後の延喜三年二月二十五日に死んだ。そこでまとめた『菅家後集』には「未《いま》だかつて邪は正に勝たず」の名言が残されている。と書いたが、はたして名言であるかどうか。およそこの世で正が邪に勝ったためしがないのじゃないか。あんな野郎がというのが大体において出世している。道真はそれをとくと承知でこう言い、あるいはみずからを慰めていたのかもしれない。

30「生きとしいけるもの、いずれか歌を」――『古今和歌集』の撰の始まり　九〇五年

二子山、片男波、立田川と書くと、今回はお相撲の話題かい、と思う人もあろう。さにあらず、第一の勅撰和歌集《ちょくせん》『古今和歌集』の話である。ここに書いた相撲部屋の名は、元をたどれば『古今集』の歌枕《うたまくら》にいきつく。日本人の感性や日本文化の奥深いところで大きな影響を与えているこの歌集が、醍醐《だいご》天皇の命により編集されることになったのが延喜五年（九〇五）四月十五日（一説に十八日ともいう）。

撰進《せんしん》を命ぜられたのが紀貫之《きのつらゆき》・紀友則《きのとものり》・凡河内躬恒《おおしこうちのみつね》・壬生忠岑《みぶのただみね》の四人。いずれも官位の高くない官人文学者である。というのも、まだこの時代は宮廷の文学といえば、漢文学が主流であったからである。しかし、この画期的な出来事があって、和歌は漢詩と肩を並べる文学となった。貫之の撰にかかる仮名の序文が有名である。

「花に鳴く鶯《うぐいす》、水に住むかわずの声を聞けば、生きとしいけるもの、いずれか歌を詠まざりける」

ちかごろはこの日本の歌の力が失せてきたような気がしてならぬ。先日、ある大学教授に聞かされた。「昨今の学生は桜花がチラチラ散るのをみても、世の無常を感じて歌うどころか、何の感慨も催さない。感受性がまったく変わってしまったようですよ」

31 「骸《むくろ》あらば今一度合戦すべし」――平将門、追討軍に敗れる

|九四〇年|

「平将門《まさかど》は天皇になり、藤原純友《すみとも》が関白になって、天下の政治を行おう」と約束し、東と西で反乱を起こした。史書『大鏡』にはそう書かれている。

どうもこれは作り話で、将門は純友を知らず、純友のほうは将門の反乱をみて動き出したものらしい。が、ともかくも二つの反乱は中世への転換点となる大事件であった。それに「必ず撃ち勝てるを以て君となす」(『将門記《しょうもんき》』)、強いやつが天皇よ、とみずからが天皇になろうと「新皇」と名乗った人物は、日本史上で将門が最初にして最後。とてつもない怪物である。

しかし、戦いは一日にして終わる。天慶三年(九四〇)二月十四日、平貞盛《さだもり》と藤原秀郷《ひでさと》の追討連合軍と激突し、不運にも風下に立つことになった将門軍はたちまち敗勢となる。やむをえんと、馬をかえして引き揚げかけたとき、一本の矢が将門の額を貫いた。

こうしてかれは馬から転げ落ちて死に、反逆はあっけなく終わる。が、「骸《むくろ》あらば今一度合戦すべし」と獄門にかけられたその首が笑ったとか、伝説の将門は、その後も長く生きつづける。そして芝居になったり、読本になったり。その怨霊を鎮めるための御霊神社が関東一円にできた。東京の神田明神、千葉県佐倉の将門明神、福島県相馬の相馬神社などなど。西の中央集権政府にたいして大いに気骨を示した東の代表選手として。

32 「月の影は同じこと」――紀貫之の国際性

九四六年

『古今和歌集』撰者の歌人紀貫之《きのつらゆき》の生年はわからない。が、没年は一応定まっている。天慶《てんぎょう》九年（九四六）五月十八日である。長谷《はせ》の観音の申し子といわれ、いまも奈良県長谷には貫之の梅がある。優れた歌人であったことは書くまでもないが、それで飯が食えたわけではない。彼はれっきとした宮廷の役人としての生涯を送る。ただし、どちらかといえば不遇な……。『古今和歌集』を撰進してから二十五年もたち、六十歳をすぎてやっと従五位、土佐守《とさのかみ》に叙任されていることでも、そのことはわかる。

土佐で役を務めること五年にして帰京する。帰りの船旅五十五日間の様子を、女性が記した紀行文のように書いたのが『土佐日記』で、王朝日記文学の隆盛をひらく端緒となる。今回は歌よりも『土佐日記』から。それも、「おとこもすなる日記というものを、おんなもしてみんとてするなり」の書き出しが有名であるが、今回は別のところを。

「唐土《もろこし》とこの国とは、言異《こと》なるものなれど、月の影は同じことなるべければ、人の心も同じことにやあらん」

月の光はどこも同じ。人間の普遍的な感情の発露である点では、漢詩も和歌も区別はない。歌人・紀貫之らしい堂々たる発言ではないか。

33「柳に飛びつく蛙《かえる》」——小野道風のゆるゆる人生

九六六年

浄瑠璃の『小野道風青柳硯《おののみちかぜあおやぎすずり》』にこうある。

「……二寸飛んではたと落ち、三寸四寸いつの間に、がばと飛び付く蛙《かわず》の挙動、目放しもせず見入りし道風、一心不乱思わずも、傘をはたと取り落とし、横手を打って、……ついに枝に取り付きたる魂のすさまじさ、虫と見て侮《あなど》るべからず、……念力だにかたまる時は、ついに成らずという事なし」

昔の教科書にあった「柳に飛びつく蛙《かえる》」のお話である。三蹟（平安中期の書の名人＝藤原佐理《すけまさ》、藤原行成《ゆきなり》と道風）の一人として、その書が珍重される小野道風が、書法に苦しんでいるとき、柳に飛びつく蛙のすさまじい努力ぶりに発奮して、書道に精進したという。教科書にあったから、昔の人なら皆ご存じであろう。

ほんとうのところは、柳が微風にゆれる流麗な線と、蛙が飛びつく直線的な力強さとの交錯による美を、道風が自分のものにしたという意味らしい。蛙の頑張りは要するにお話に過ぎないとか。ナーンダ……、とはいえ、これはこれでなかなかいい教訓である。

その道風は康保《こうほう》三年（九六六）十二月二十七日に没した。享年七十三。柳に風と、人生をゆるゆる生き抜いて長生きしたものとみえる。いまは、そっちのほうが教訓となるかな。

34 「極楽はなをき人こそまいるなれ」——念仏踊りの空也の教え ｜九七二年｜

「一たびも南無阿弥陀仏といふ人のはちすの上にのぼらぬはなし」。『拾遺和歌集』に載っている空也上人の歌。極楽にゆくにはともかく南無阿弥陀仏、という教えなんである。

平安時代、多くの奇跡や奇行を具現した乞食僧《こつじきそう》で、結果としてひろく大衆に浄土宗をひろめた空也上人は、ほんとうは「こうや」と読むのが正しいと教えられたことがある。でも、「くうや」といったほうが馴染《なじ》みが深い。架橋、井戸の掘削、道路の建設と、とにかく空也のなした大事業は全国に今も残る。空也最中《もなか》もある（?）。

そして、人びととともに念仏踊りをおどるのである。これが一世を風靡《ふうび》する。「ナンマイトウ・ナンマイトウ」と唱えて踊り歩くのである。折から世には天変地異がつづき、道には死体がごろごろで、まさに地獄の様相があちらこちらで見られているとき。当時の貴族化した仏教に相反する空也の、民衆を救わんがための「身を捨ててこそ本物」「口に信《まか》する三昧《さんまい》なれば市中もこれ道場」という祈りの念仏は、人びとを心の底から動かした。

「極楽はなをき人こそまいるなれ　まがれることをながくとどめよ」

極楽には直《なお》き人だけがゆける、ゆえに、曲がったことをするな、まっすぐに生きよ。彼の教えはそれにつきる。天禄三年（九七二）九月十一日が命日。

35「厭離穢土《おんりえど》」——源信『往生要集』成る

九八五年

　またまた宗教人であるが、平安時代は日本人がひとしく極楽浄土への夢を描いたとき。それでどうしても坊《ぼ》んさんの話が多くなる。いまの無宗教時代よりもましかな。

　源信《げんしん》といえば、恵心僧都《えしんそうず》とも横川《よかわ》の僧都ともよばれ、浄土宗の祖と仰がれている人。この名僧が四十三歳のとき起稿、半年がかりで完成させたのが『往生要集《おうじようようしゆう》』三巻である。ときに寛和元年（九八五）四月二十八日。これは、いうならば阿弥陀仏《あみだぶつ》の浄土への讃歌《さんか》の書である。

「厭離穢土《おんりえど》」とは、それ三界は安きことなし。もっとも厭離すべし」（第二章）

　われわれの住む俗世界はいつも安らかなことがなく、なんとしても厭《いと》い離れるべきである。そして、ただひたすらに阿弥陀如来にすがって念仏にうちこむべし。末法の世における唯一の救われる道だと、源信は「厭離穢土」の思想を説きつづけた。

　しかも源信の思想はその後の浄土教美術に多大な影響を与えた。国宝級の絵画「阿弥陀聖衆来迎図」や「山越阿弥陀《やまごえあみだ》」などは、ほとんどが同時代に描かれている。これらの絵画もまた、浄土への導きを示している。のちの徳川家康も「厭離穢土欣求《ごんぐ》浄土」を本陣の旗印とする。

　それにしても、「厭離穢土」の考えは、われらが心の奥底に食い入っている。日本人はいつだって「昔がよかった」といって、現在を厭うようである。

36「あるかなきかの心地」――藤原道綱の母の女心

九九五年

藤原道綱の母、といえば、国文学にくわしい人は「ああ、女流最初の日記文学『かげろう日記』の作者だな」と思い当たることであろう。さらに歴史にくわしい人は「この女性は『大鏡』にある本朝三美人の一人で、和歌にも秀《ひい》でた才色兼備の人だ」というに違いない。もちろん、だれもお目にかかったことがない。亡くなったのが長徳《ちょうとく》元年（九九五）五月二日と伝えられている女性である。本当にどれくらいの美人なのか？　真野あずさ級か、黒木瞳クラスか、たしかなところは保証しかねる。

それにしてもこの日記は、昔に大学で習ったが、側室としてのわが身の「はかなさ」を苦悩する魂の告白で埋まり、嫋々《じょうじょう》たる情念の吐露が、うねるような行文で全編にこめられホトホト参った覚えがある。

「……ものはかなきを思えば、あるかなきかの心ちするかげろうの日記というべし」と上巻末尾にある。この世にあるのか無いのか、男の来訪を待ちこがれる女の身は陽炎《かげろう》のごとしと。『百人一首』に彼女の歌がある。「なげきつつひとりぬる夜のあくるまはいかに久しきものとかは知る」。あなたの来ない夜の何と長いことよ。男の不実を怨みに恨んだ歌。げに「おんなは怖い」んだなあ。

37「花の色は移りにけりな」――伝説の美女・小野小町

謡曲における七小町といえば、草紙洗《そうしあらい》小町、清水《きよみず》小町、鸚鵡《おうむ》小町、雨乞《あまごい》小町、通《かよい》小町、卒塔《そと》婆《ば》小町、関寺《せきでら》小町で、女流歌人・小野小町の一生を集大成して描いている。およそこの女性は史上五本の指に入る美女。しかも老後は落魄して乞食になり、ついには発狂したという。浮世の有為転変と美人薄命を象徴して大いに泣かせる。ただし、生没年すべて不詳。

したがって彼女の顔を確認した人がいるのかいないのか、いっさい不明。三十六歌仙（佐竹本）や、百人一首のカルタにある画像も、彼女だけは後ろを向いている。これくらい徹底されると、嫌でも日本歴史はじまっていらいナンバー・ワンの美女としたくなる。

和歌は、確実に彼女の作品といっていいのが、『古今和歌集』の十八首にはじまり、勅撰集に六十首以上が収められている。伝説的ではあるが実在したのである。なかでも傑作は、百人一首にもある、

「花の色は移りにけりないたづらに我が身世にふるながめせしまに」

いたずらに物思いにふけってぼんやり眺めている間に、いつか花の色はすっかり褪せてしまったことよ、長雨に打たれて。「ながめ」に「眺め」と「長雨」が掛けてある。世の中のことみな然り、すべては移ろいゆく、たちまちにさめてゆく。美女ならではの詠嘆である。

38「さかさまに行かぬ年月よ」——光源氏、紫の上を見そめる　一〇〇七年

今回は歴史的な史実にあらぬ、『源氏物語』のお話を。で、年号は、寛弘四年（一〇〇七）とする。このころ『源氏物語』成る、であるから。さて、光源氏は北山の山寺で、母の藤壺《ふじつぼ》によく似た少女を見そめる。これぞ物語史上に輝く永遠の美少女、紫の上である。紫式部その人がモデルともいわれる。この奇遇が、ある年の三月三十日のことなんである。

と、年月日の入った話はそれでおしまいで、あとは『源氏物語』のなかの名言を。

「さかさまに行かぬ年月よ。老いは、えのがれぬわざなり」（逆さまに流れてくれぬ年月よ。老いは、のがれられないものよ）。「女はやわらかに心うつくしきなんよき」（然り、然り）

「才《ざえ》をもとにしてこそ、大和魂《やまとだましい》の世に用いらるる方も強う侍《はべ》らめ」（他国の学問を基本にしてこそ、大和魂を世に発揮できる人が多いのである）

もう一つ、「女ばかり、身をもてなすべき様《よう》も所狭《ところせ》う、哀《あわれ》なるべき者なし」（女というものは、狭いところで生きねばならず、哀《かな》しい存在であることよ）。

天才にしてこの言あり。ただし、現代は逆で、狭く哀しきは男なりけり、であるな。

ついでにもう一つ、「女の、これはしもと難つくまじきはかたくもあるかな」（女で、非のうちどころない、なんていうのは滅多にいるものではない）。ヘェー、そうなんですか？

39「この世をばわが世とぞ思ふ」――藤原道長の望月の歌

一〇一八年

寛仁《かんにん》二年（一〇一八）十月、太政大臣藤原道長《ふじわらのみちなが》は娘を後一条天皇の後宮に入れた。これで一条・三条・後一条と三代の天皇に、三人の娘を妃として送りこんだことになる。朝廷の外戚《がいせき》として、藤原家の地位は完全かつ不動のものとなる。とにかく太皇太后も、皇太后も、中宮（皇后）もみんな自分の娘なのである。教養、政治力などすべての才を備え、紫式部をして男の理想と思わせた道長も、晩年は権力欲しかなかったらしい。日本史上において、こんなに絶大な権力をもって君臨できた男はほかにいない。

十月十六日、娘がめでたく皇后になった日である。祝宴を寿《ことほ》ぐように十六夜《いざよい》の月がさし昇るのを眺めつつ、五十三歳の道長は高らかにおのれの歌を朗詠した。

「この世をばわが世とぞ思ふ望月《もちづき》のかけたることもなしと思へば」

そして言った。「誇りたる歌になむある。ただし、作りおいたものに非ず」と。前もって作っておいたものじゃないよ、うまいもんだろう。いやはや、いい気なもんよ、と腐《くさ》したくなる。のぼせ上がった奴《やつ》の心境とはざっとこんなものか。

ただし、ここが絶頂、この歌の直後から病気がちとなり、凋落《ちょうらく》がはじまる。面白いもので、大体において歴史とはそうした皮肉に満ち満ちている。ゆめ、いい気になるなかれ、である。

40「春はあけぼの」——『枕草子』の名文　一〇二七年

万寿《まんじゅ》四年（一〇二七）十二月四日、わが世の春を歌いとおした関白藤原道長死す。享年六十一。『紫式部日記』や、赤染衛門《あかぞめえもん》『栄花物語』や、『大鏡』や、道長自身の『御堂関白記《みどうかんぱくき》』などで、はっきりと彼の華々しい生涯はわかる。が、同時代の女性たちの生死の年月日は、最高貴の女性をのぞいてほとんどが不詳である。たとえば、一条天皇の皇后の定子《ていし》なら長保《ちょうほう》二年（一〇〇〇）十二月十六日に亡くなったとわかるが、紫式部、和泉式部、定子皇后に仕えた清少納言とくるとすべて不詳。『枕草子《まくらのそうし》』だって長保三年ごろ書かれたとされているのみ。日本の昔は男尊女卑が徹底していた、と申すほかはない。

今回は「女性天下」の現代に合わせて、その『枕草子』の名言を。とくれば、「春はあけぼの。ようようしろくなり行く……」なんであるが、今回はとくに好きな名文を。

「遠くて近きもの、極楽。船の道。男女の中」（一六七段）

「ただに過ぎに過ぐるもの、帆かけたる舟。人の齢《よわい》。春、夏、秋、冬」（二六〇段）

「はづかしきもの、色好む男の心の内」（一二四段）。まったく、まったく。

もう一つ、「男こそ、なおいとくありがたくあやしき心地したるものなれ」（二六八段）（男というものは、理解しがたいほど不思議な心をもったものである）。女だって、そうだよな。

41 「黒髪の乱れもしらず」——和泉式部の一筋の愛　一〇三三年

小野小町と同様、生没年月はまったく不詳（一説に一〇三三年ごろ没）の女流歌人。父は越前守大江雅致、母は越中守平保衡の女と明瞭なのに、ご本人はさっぱり。平安時代とは女の時代といわれながら、この粗末な扱い。忍耐に我慢を重ねさせると、女性は優れた芸術を創造するのかもしれない。せっかく現代は女性時代といわれているが、その実、平安期とくらべてみると、忍耐する要がないせいか、軽佻浮薄な才女しか生まれていないのではあるまいか。

いやいや、和泉式部に話を戻すと……紫式部の貞淑、清少納言の才気、小野小町の奔放にたいして、和泉式部は藤原保昌の妻として愛情一筋の人生を送った女性とされている。しかも、小野小町に負けないくらいの艶麗な美女。お蔭でいくつも伝説的なお話もある。が、江戸川柳にある「門の外寄せなさるなと式部言い」（後家さんの式部を狙って男どもが門の外へつぎつぎに張りにきている）程度じゃ名言にもならぬ。

好きな名歌が一首ある。「黒髪の乱れもしらずうち伏せばまづかきやりし人ぞ恋しき」（長い黒髪の乱れるのもかまわず悲しさにうち伏していると、この髪をそっとかき撫でてくれたあの人が思い出されて恋しくてならない）。日本近代にも長い黒髪の歌がいくつも詠まれているけれども、ことによると、これ以上のなまなましさを歌ったものはないのではないか。

42 「末法《まっぽう》」――平等院の鳳凰堂完成

一〇五三年

十一世紀の日本は、「不安」が支配的になった。もともと仏教の歴史観に、正法《しょうぼう》、像法《ぞうぼう》のときを経て、末法《まっぽう》の時代が訪れ、仏法は消滅する、という考え方がある。そして日本では一〇五一年ごろ「末法に入った」とされたのである。

このころから、末法思想が盛んとなり、現世は苛烈悲惨であろうと、死後の世界が楽しい極《ごく》楽浄土《らくじょうど》でありたいと願う浄土信仰が主流となる。しかも浄土への導きは阿弥陀如来《あみだにょらい》によると信じられ、結果として、貴族たちは邸宅や別荘に阿弥陀仏を安置するようになる。

その象徴が宇治の平等院。関白藤原頼通《かんぱくふじわらのよりみち》が父の道長が所有していた山荘を、平等院という寺にしたのは永承七年。翌年の天喜元年（一〇五三）三月四日、この平等院のなかに阿弥陀堂を完成供養した。これが鳳凰堂《ほうおうどう》である。頼通はここを浄土とみなしたという。

二十一世紀の現代も何となく末法思想が力をもちだしている。地球上のあちらこちらで戦争が勃発している。しかもハイテクの駆使で、強者は死ぬこともなく、弱者を抹殺することも可能である。日本の周りでもキナ臭さは紛々たるもの。人類滅亡の日も近いのではないか、と漠然とそんな感想をもったりしている。といって、極楽を信じる気にもなれぬ。それで鳳凰堂を「これが浄土じゃたいしたことはないな」なんて思って空しく眺めている。

第三章　源氏と平家

諸行無常・盛者必衰

43「糸のみだれのくるしさに」――前九年役・義家と貞任の風流　一〇六二年

末法の世はやがて戦乱をよぶ。火の手は、坂上田村麻呂いらい百年間も平穏のつづいていた東北地方から。安倍氏による武力反抗である。これを鎮圧すべく朝廷は追討軍を送り込む。

こうして康平《こうへい》五年（一〇六二）夏、陸奥国の豪族・安倍貞任《あべのさだとう》は、源頼義を主将とする連合軍と戦い、小松柵《こまつのき》・衣川柵《ころもがわのき》と必死に防御戦を行ったが、つぎつぎに敗北し、ついに同年九月十七日に本拠の厨川柵《くりやがわのき》において敗死する。前九年役《ぜんくねんのえき》とよばれている。

とにかく反乱ののろしを挙げてから十年近くも頑張ったために、後世になると、貞任のイメージはがぜん巨人風になっていった。『義経記《ぎけいき》』では「たけの高さ唐人にも越えたり。貞任が丈は九尺五寸」とある。この荒武者の、衣川柵での八幡太郎義家との連歌は、学校で習ったときから忘れられないでいる。義家が逃れようとする貞任を追いかける。「きたなくも、うしろをば見するもの哉《かな》」といいつつ、「衣のたてはほころびにけり」と七七で呼びかける。

「貞任くつばみをやすらへ、しころをふりむけて

　年をへし糸のみだれのくるしさに」（『古今著聞集』巻九）

と、見事に五七五で付け返すのである。生死をかけた中の風流、昔のサムライは教養があったんだね。それと戦闘にもどことなくロマンがあった。

44 「賀茂川の水、双六《すごろく》の賽《さい》、山法師」――白河院政のはじまり ――一〇八六年――

白河天皇は、応徳《おうとく》三年（一〇八六）十一月二十六日譲位して上皇となり、院政を開始する。「院」とは上皇・法皇の居るところ。「院政」とはそこに院の庁という役所を置き、事実上、国の政務をほしいままにすることを意味している。しかも、白河院政は、堀川・鳥羽・崇徳の三代の天皇の時代の四十三年間も、国を取り仕切った。当時、天皇の地位と、天皇家の家長の地位とが区別されていたから、譲位後でも天皇家の家長の地位にあって、法皇は力を振るうことができたのである。

面倒な話はそれまでとして、そんな大権力者の白河上皇にも意のままにならぬものがあったらしい。『平家物語』に上皇の愚痴《ぐち》として出てくる。これがそのまま歴史の名言となって残っている。すなわち「賀茂川の水、双六《すごろく》の賽《さい》、山法師。これぞわが心にかなわぬもの」と。しばしば氾濫《はんらん》を起こす賀茂川、サイコロの目、言うことをきかぬ比叡山の荒法師。いくら権力者でも、何ともならない。ごもっとも、といいたくなってくる。

こうして東北どころか、京都近辺でも混乱がはじまる。平和も百年近くつづくと、闘争心のマグマが噴煙を上げ出すらしい。いまの日本にも「断固戦え」とか「強国たれ」とか平和に厭きた山法師どもが雄叫《おたけ》びをあげ地団太《じだんだ》を踏んでいる。この跳梁《ちょうりょう》は何とかならぬものか。

45「一生幾何《いくばく》ならず、来世《らいせ》近きにあり」——西行法師の誕生　一一四〇年

保延《ほうえん》六年（一一四〇）十月十五日のこと、北面の武士佐藤義清《さとうのりきよ》が出家し西行《さいぎょう》と号した。二十三歳という若さ。出家の理由については、うるさいくらいに論じられている。やんごとなき姫君への叶《かな》わぬ恋、仏道への希求、あるいは無常観、確たる定説はいまのところ無い。そんな探偵的詮索《せんさく》に時間を費やすより、小林秀雄流に、「彼が忘れようとしたところを彼とともに素直に忘れよう」とアッサリしてしまったほうがいい。

それでもなお、わけを知りたいと思う人のために、参考となる歌をご紹介すれば、

「そらになる心は春の霞《かすみ》にて世にあらじとも思ひたつかな」

出家を決意したころの歌である。この北面の武士どのは、ある日、春の霞のようにボワーンとして、この世にあってこの世になき、そんな生き方を選ぶことにしたのである。漠然たる不安感よりももう少し強いが、それほど強くもない。そんな厭世感というところか。

また、別の歌にも心境らしきものがある。

「惜しむとて惜しまれぬべきこの世かは身を捨ててこそ身をも助けめ」

まだ不満の人には、西行の名言を。すなわち「一生幾何《いくばく》ならず、来世《らいせ》近きにあり」。はかない一生、死後の世界が目の前にある。晩年の西行はしきりにこれを口ずさんでいたという。

46「武者《むさ》の世になりにけり」──保元の乱が示した意味

一一五六年

保元元年（一一五六）七月十一日、京の都に合戦が起こった。保元の乱である。早くいえば、天皇家内部の家督争いと、摂政関白家内部のそれとが結びついて惹《ひ》き起こされた戦乱。そしてこの内戦に源平の武士が動員された。しかも彼らは親子兄弟が敵味方にわかれて戦った。源氏では為義・為朝父子が崇徳上皇方に、為義の子・義朝は後白河天皇側についた。平家は忠正が上皇方へ、甥の清盛は天皇側に。結果は、敗れた上皇は捕らえられ讃岐に配流、為義、忠正らは斬首、為朝は伊豆大島に流される。天皇側の圧勝である。

そんな歴史講釈ではなく、ここでは天台宗の座主《ざす》・慈円《じえん》の歴史書『愚管抄《ぐかんしょう》』の一節を。

「保元元年七月二日、鳥羽院失せさせ給いてのち、日本国の乱逆《らんげき》ということは起りてのち、武者《むさ》の世になりにけり」（七月二日に鳥羽上皇がお亡くなりになったのを契機に、日本国に反乱というものが起こった。その後、武士の時代となってしまったのである）

慈円僧正の歴史眼はしっかりと時代の流れを見ていた。白河・鳥羽とつづいた専制的な院政が終わったいま、武士の力を借りないでは政治を行えない時のきていることを。こうした先見をもった人として、昭和の時代には作家の永井荷風がいる。さては慈円も荷風的なご仁か？いずれにせよ、歴史探偵としては慈円の先見の明に脱帽するのみ。

47 「情けは人のためならず」――平治の乱はじまる　一一五九年

平治《へいじ》元年（一一五九）十二月、平清盛が一門の者と熊野《くまの》詣《もう》でに出かけた。その隙《すき》をつき、十二月九日の夜半、藤原信頼は源義朝と計って、藤原通憲《みちのり》（信西）を倒すために兵を挙げた。平治の乱の発端である。結果は、すぐにとって返した清盛軍の圧勝。信頼は斬《き》られ、義朝は東国へ逃れる途中で殺害された。そして平氏の全盛は決定的となる。という歴史的な事実よりも、鎌倉時代に成立した軍記物語『平治物語』の名言を。

「天の時は地の利にしかず、地の利は人の和にしかず」（天の与えてくれる好機は、この地上の地理的な有利さにかなわない。そしてその地理的な有利さも、人々の団結する和の力にはとうてい敵しえない）

もちろん、本来の出典は『孟子《もうし》』であるが、この物語の、義朝の長男悪源太義平の無鉄砲ぶりを諫《いさ》める場面にこれが出てくる。これが日本における最初であることは間違いない。

もう一つ、「情けは人のためならず」。ちかごろは誤って「同情するのはいけないこと」のように解釈されているらしいが、違う。他人に情けをかければ、まわりまわって、思いもかけぬよい報いが自分にもあるものだ、という意味である。よく出典は『太平記』とされているが、正しくはこの『平治物語』なんである。

48「ほのかに夢に見えたまふ」――『梁塵秘抄』の話

一一七一年

平治の合戦の勝利で、平清盛を筆頭とする平家一門の権力掌握は不動のものとなる。そのために、後白河法皇の「今様狂い《いまよう》」にいっそう拍車がかかった、とするのは、相当の牽強付会になるであろうか。が、法皇の集成したといわれる『梁塵秘抄口伝集《りょうじんひしょうくでんしゅう》』が完成したのは、清盛が太政大臣にまで栄進した二年後の仁安四年（一一六九）二月。これはどうしてもそう考えたくなってくる。

それはともかくとしても、この平安後期の今様歌謡集は、なかなかにいい。とくに「法文《ほうもん》の歌《うた》」、すなわち仏教教養について詠んだ歌がすばらしい。なかでも、「仏は常に在《いま》せども、現《うつつ》ならぬぞあはれなる。人の音せぬ暁に、ほのかに夢に見えたまふ」は、随一の秀作であろう。仏は見えない、されど常にわれらが周囲のどこかにいるのである。

また、こんな楽しい歌もある。「恋しとよ、君恋しとよゆかしとよ、逢《あ》はばや見ばや、見ばや見えばや」。恋しい人には逢いたい、顔を見たい。そう思えば念じれば、いつか見えてくるものなるぞ、という意か。これぞ青春讃歌《さんか》なるか。

「遊びをせんとや生まれけむ、戯れせんとや生まれけむ、遊ぶ子供の声きけば、我が身さへこそ動かるれ」も、わたくしには悪ガキ時代いらいの愛唱歌である。

49 「乗せて行け」――俊寛、鬼界ヶ島へ配流

一一七七年

安元三年（一一七七）六月一日の、平家討伐をひそかに議した鹿ケ谷《ししがたに》の陰謀は密告するものがあり、あっさりバレてしまう。逮捕された後白河法皇の側近の僧俊寛《しゅんかん》が、鬼界ヶ島《きかいがしま》に配流《はいる》されたのは六月二十日のことである。いまの鹿児島県下の硫黄島である。仲間二人は一年後に大赦令がでて許されて、島から立ち去った。が、助命に運動してくれる有力な身内のもののいなかった俊寛ひとり、島に捨て置かれた。そして二年後に、都への帰還を夢みながら、悶《もだ》え死んだ。享年三十七。

仲間二人に赦免状が届いたとき、なぜひとりだけ残されるのか。執事の誤りで赦免状に名を書き忘れたのではないか。都までがかなわぬならば、せめて九州の地まで頼む、と漕《こ》ぎ出す船に向かい、足ずりしながら「これ、乗せて行け、具して行け」とわめき叫ぶ俊寛は、謡曲にも芝居にもなっている。

「荒いそ嶋にただひとり、離れて海士《あま》のすて草の、浪の藻《も》くずのよるべもなくて、あられむ物が浅ましや歎《なげ》くにかひも渚《なぎさ》の千鳥《ちどり》、啼《な》くばかりなる有様《ありさま》かな」

この謡曲のなかの、俊寛のくどきのなかに歌われた千鳥をいれて、夏目漱石は「俊寛と共に吹かるる千鳥かな」と芸の細かいところをみせて、熊本時代に一句詠んでいる。

50「京の五条の橋の上」——弁慶が家来になった日

一一七七年

平治《へいじ》元年（一一五九）生まれの源義経が、鞍馬寺で修行に励んでいたころであるから、治承《じしょう》元年（一一七七）ごろ、としておこう。ただし、日付のほうは『義経記《ぎけいき》』巻三ではっきりしている。京で千本の太刀を奪うとの悲願を立てた武蔵坊弁慶が、あと一本というときに、五条天神の境内で義経に会う。翌夜、清水《きよみず》観音境内でいまこそ悲願成就と、義経に斬《き》りかかり太刀を奪おうとするが、逆に義経に屈して主従の契約を結ぶ。誰《だれ》もがよく知っている義経が空を飛んだお話が、この年の六月十七日のこと。

おいおい、話が違うぞ、清水観音じゃねえぞ、という方がおられよう。

〽京の五条の橋の上、大の男の弁慶は、長い薙刀《なぎなた》振り上げて、牛若めがけて斬りかかる……

と小学校の唱歌で習ったから、これはもう二人の出会いは五条の大橋でないと、どうも嬉《うれ》しくない。いまも橋のすぐそばに、牛若・弁慶の石像があるものね。しかもふたりとも稚児《ちご》めいた可愛《かわい》い顔をしている。いかにも唱歌的イメージである。

でも、文献では右のとおりなのである。わたくしに文句をつけられては困る。そもそも弁慶は実在人物か、それだって怪しいのである、とリアリズムに徹すると歴史は無味乾燥なものと化す。ここは楽しく、〽牛若丸は飛びのいて……と歌おうではないか。

51 「進退これ窮《きわ》まれり」――平重盛の早すぎた死 一一七九年

「驕《おご》る平家」のなかにも、昔からもてる人もいる。清盛の子の平重盛《たいらのしげもり》がその人。有徳の士として人気を集める。武将兼政治家としても優れた人なのであるが、父清盛と違うところがあるとすれば、朝廷に信頼されていたし、彼自身も天皇への忠節を本分としている。実は、そこからこの人を人気者にする伝説的な話もでている。頼山陽《らいさんよう》の『日本外史』にいう「忠ならんと欲すれば孝ならず、孝ならんと欲すれば忠ならず」である。

父清盛が後白河法皇を幽閉しようとするのを、真剣に諫めたときの彼の胸中の思いである。『平家物語』によればこうなる。

「悲しき哉《かな》、君の御為《おんため》に奉公の忠を致さんとすれば、迷盧《めいろ》八万の頂《いただき》よりも猶《なお》高き父の恩たちまちに忘れんとす。痛ましき哉、不孝の罪を遁《のが》れんとすれば、君の御為にはすでに不忠の逆臣ともなりぬべし。進退これ窮《きわ》まれり」

しかし、よく見れば、清盛を底知れぬ悪玉にするため、善玉の重盛はうんと苦しまなければならぬ、そんな仕掛けが裏側にほのかに見える。琵琶法師の芸のみせどころというやつか。

平氏にはなくてはならない人は、源頼朝挙兵の前年の治承《じしょう》三年（一一七九）七月二十九日、四十二歳で没した。これは平家の滅亡を早めたといわれている。

52「花咲かば告げよといいし」――源三位頼政の自害　一一八〇年

謡曲『鞍馬《くらま》天狗《てんぐ》』が好きで、「花咲かば告げんと言いし山里の、使いは来たり馬に鞍、鞍馬の山の雲《う》珠桜《すざくら》」とよく口ずさんで、すこぶるいい気持になる。映画でアラカン（嵐寛寿郎）もよくうなっていた。原歌は源頼政の和歌である。

「花咲かば告げよといいし山守りの　来る音すなり馬に鞍おけ」

山番に「桜が咲いたら知らせよ」といっておいたが、いま山番の足音がする。さ、出かけるぞ、馬の用意をせよ、という意である。なかなか颯爽《さっそう》とした歌いぶりで、歌舞伎の名せりふでも聞くようで、うっとりする。

注意すべきは「馬に鞍おけ」といった雅語にとらわれない歌いぶりである。貴族たちの和歌の風雅にはない直截な表現に、まさに武人の力感あふれた歌いぶりがある。

この武将にして歌人の頼政、剃髪《ていはつ》して源三位《さんみ》入道が、後白河天皇の皇子・以仁《もちひと》王の平家追討の令旨《れいし》を受け決起したのが治承四年（一一八〇）五月二十六日。平家軍と宇治川をはさんで合戦となるが、一敗地に塗《まみ》れる。頼政は平等院で自害、以仁王も戦死。しかし、王の令旨は諸国の源氏に伝えられ、一斉決起をうながしたのである。頼政の辞世もまた、名歌である。

「埋木《うもれぎ》の花咲くこともなかりしに　みのなるはてぞ悲しかりける」

53「親も討《う》たれよ、子も討たれよ」——富士川の合戦　一一八〇年

史書によるかぎり、これほど情けない戦はない。ときに治承四年（一一八〇）十月二十日、平維盛《たいらのこれもり》を総大将として、源頼朝追討の平家軍七万余騎が、堂々と富士川まで押し出してきた。対岸には頼朝軍が陣を布《し》く。両軍の上に夜のとばりが落ちた。そして二十一日の夜明け。なんと、一斉に飛び立つ水鳥の羽音に仰天し、「それ源氏の夜襲」と雪崩をうって平家軍は敗走してしまったという。呆《あき》れてものも言えなくなる。はたして、これが清盛に率いられ保元・平治の乱で連戦連勝した精強軍の後裔《こうえい》なのか、と心底から疑いたくなってくる。まったく栄華に酔い痴《し》れ、奢《おご》れるものは滅びるのみなのか。

「軍《いくさ》はまた親も討《う》たれよ、子も討たれよ、死ぬれば乗り越え乗り越え戦う候」

『平家物語』で、斎藤実盛が語っている頼朝軍評である。東国のサムライは親が討たれようが子が討たれようが、突進に突進して戦う連中ばかり。と、そんな認識をもっていたのでは、戦う前に平家軍が雲を霞《かすみ》と逃げ出してしまうのも、当然ということになろうか。

江戸の川柳は大いに笑いのネタにしている。「立つ鳥に後を濁して平家逃げ」「水鳥の羽音に逃げる平家蟹」「腹をかかえて富士川を源氏越し」などなど。日本人は突撃また突撃を好み、何もせず退却することを真から軽蔑するんである。

54「それへそれへ」――黄瀬川の涙の対面

一一八〇年

平家軍が水鳥の立つ音に遁走《とんそう》してしまい、勝利に沸《わ》く黄瀬川畔の源頼朝軍の本陣に、もう一つの朗報がもたらされた。「白旗白印《じるし》にて清げなる武者五六十騎馬ばかり」が駆けつけて来たのである。と、二十四、五ばかり、赤地の錦《にしき》の直垂《ひたたれ》に紫裾濃《むらさきすそご》の鎧《よろい》、白星の五枚兜《かぶと》に鍬形《くわがた》を打ち、という凛々《りり》しい姿の色の白い若武者が進み出て名乗った。

「童名を牛若と申し候いし……」

ご存じの『義経記《ぎけいき》』が描く頼朝・義経兄弟、久しぶりの対面の場面。治承四年（一一八〇）十月二十一日の午後のことである。さらに、この書は頼朝が大喜びする様を描いている。「佐殿《すけどの》（頼朝）、敷皮を去り、わが身は畳にぞ直られける。『それへそれへ』とぞ仰せらるる。御曹司《おんぞうし》しばらく辞退して敷皮にぞ直られける。佐殿御曹司をつくづくと御覧じて、まず涙にぞ咽《むせ》ばれける。御曹司もその色は知らねども、共に涙に咽び給う」

危急存亡のときゆえ、頼朝もよっぽど嬉しかったのである。それにまだこのとき、この若武者が戦争の天才とは思ってもいなかった。そうと分かったときには、政治家頼朝の気持は百八十度転換する。兄が弟の誅殺《ちゅうさつ》命令を出すのはこの九年後のこと。黄瀬川と衣川、同じ川なれど片や喜び、片や悲しみ、歴史とは何と無残なものか。

55 「もとの白髪となりにけり」――斎藤実盛の髪を染めての出陣 ――一一八三年――

木曾義仲の武将手塚光盛は、寿永《じゅえい》二年（一一八三）六月一日、加賀の篠原の合戦で、敗走する平家軍のなかで、ただひとり踏みとどまって、寄せ手の兵を迎え撃った不敵な武士を討ちとった。この武士はみずからは名乗りもせず、一人の従者も従えていない。ただ義仲殿にわが首を示せと言い残した。光盛は義仲に「大将かとみればつづく勢もなし。また侍かと思えば錦《にしき》の直垂《ひたたれ》を着たり」と報告している。

義仲は、平氏が全盛を誇っていたころ、まだ子供であった自分の命を救ってくれた斎藤実盛ではないか、と思ったが、そうであるなら七十三歳の年齢に比して髪や髭《ひげ》が真っ黒なのはおかしい。そこで側近の樋口兼光が念のため髪を洗ってみると、なんと、

「墨は流れ落ちて、もとの白髪となりにけり」（謡曲『実盛』）

老武者とあなどられぬための武人のたしなみとわかり、木曾軍の武将はみな深い感銘をうけたという。一度でも読んだことのある人なら、忘れることのできない、ご存じ『平家物語』の泣かせる話である。

いまでも老骨ながら最後のご奉公と乗り出すとき、「白髪を染めた実盛にならって」なんて言う人が多い。言える人は幸せである。こっちはつるっ禿で染めようにも染められない。

56「鎧《よろい》が重うなった」——木曾義仲の最期

一一八四年

連戦連勝で京に入った木曾義仲は、寿永三年（一一八四）正月十日に征夷大将軍になった。しかし、その十日後の一月二十日には、源頼朝軍を迎え撃ち、近江の粟津の松原で戦死する。世人は義仲のことを「朝日（旭）将軍」と呼んだ。朝日の昇るごとき勢いであったが、盛時はすぐ衰える、という意である。

それはともかくとして、『平家物語』巻九にある「木曾最後」の章は、いつ読んでも心に迫るものがある。今井四郎兼平と主従ただ二騎となって落ちのびようとする。そのときに義仲が思わず弱音をはく。

「日ごろは何とも覚えぬ鎧《よろい》が、今日は重うなったるぞや」

剛毅《ごうき》無双の義仲が極限状況におかれて、ふと我に返る。武人であることも忘れて鎧の重さを感じてしまう。そこには虚飾を何ひとつまとわない、最期を覚悟した裸の人間の心情がある。これぞ真実の死なんとする人の声と思わせられる。それだけに悲しい。

この物語では多くの武将の死が描かれているが、木曾殿の最期がいちばんと考える。それに殉ずる今井の、太刀を口にくわえどうと馬から逆さに落ちて自決する死にようも、あっぱれである。江戸川柳も「死水をとったは今井一人なり」と讃えている。

57 「公達《きんだち》あわれ」――一の谷の合戦

――一一八四年――

「先《ま》ず三十騎ばかり、真先懸《まさきか》けて落《おと》されければ、大勢皆つづいてぞ落しける。後陣《ごじん》に落す人の鐙《あぶみ》の鼻《はな》は、先陣の鎧甲《よろいかぶと》に当《あた》る程なり。……ただ鬼神《きじん》の所為《しょい》とぞ見えたりける」

ご存じ『平家物語』一の谷の合戦の、源義経ひよどり越えの逆落《さかお》としの名場面である。

寿永三年（一一八四）二月七日、この背後の山からの急襲で、不意をつかれた平家軍は算を乱して海上にでて、四国に逃走、それまでの一進一退の攻防戦はこの奇襲で一挙にけりがついた。あまりにも予期しない大敗で、平通盛《みちもり》をはじめとして、忠度《ただのり》、経俊《つねとし》、敦盛《あつもり》ら一族の若武者七人がここで戦死する。そして義経は軍事的天才としての名を天下に轟《とどろ》かすことになる。

ここで名高いのが平敦盛と熊谷直実《くまがいなおざね》の一騎討ち。戦死した敦盛は腰に笛をさしている。これが「青葉の笛」。直実は武門の無常を感じ髪をおろし仏門に入る。少年時代にこの話を教えられ、敦盛になった気持で「討たれし平家の公達《きんだち》あわれ　暁寒き須磨の嵐に　聞こえしはこれか青葉の笛」と歌いつつ、大いに涙したものであった。

ところで、この地の出身を記念して駅前に熊谷直実の像をおっ立てているのに、ＪＲ熊谷駅はなぜか「くまがや」となっている。正しく「くまがい」としてほしいところながら所詮は無理か。理由は「くまがや直さねえ」であるから。呵々。

58「この矢はずさせ給うな」——那須の与一と扇の的　一一八五年

源平争闘の屋島の合戦とくれば、「扇の的」がいい。その日の戦いも終わろうとするころ、夕陽をうけた海上に、平家方より優美な女房を乗せ棹《さお》に扇を立てた小舟がゆらゆら現れる。女房は立って陸の源氏方へ手招きする。扇を矢で射てみよ、というのである。源義経の命をうけたのが那須の与一。折から北風はげしく、小舟も扇も、揺り上げられ下げられて、どうにも狙いが定まらない。与一は目を閉じ……あとは『平家物語』の名文がまことによろしい。

「南無八幡大菩薩、我国の神明《しんめい》、日光権現、宇都宮、那須のゆぜん大明神、願くはあの扇のまン中いさせてたばせ給《たま》え。是《これ》をい損ずる物ならば、弓きりおり自害して、人に二《ふた》たび面《おもて》をむかうべからず。いま一度本国へむかえんとおぼしめさば、この矢はずさせ給うな」

史上これほど悲壮な覚悟をさだめた若者はいない。オリンピックの選手でも、与一の緊張とくらべれば他愛ないものといえるかも知れない。実に元暦二年（一一八五）二月十八日のことである。そして扇はものの見事に射られる。

「扇は空へぞあがりける。しばしは虚空にひらめきけるが、春風に一もみ二もみもまれて、海へさッとぞちッたりける」

美しきかな。

59 「見るべき程《ほど》の事は見つ」——平家の滅亡

一一八五年

一の谷、屋島と相つぐ敗戦に追いつめられた平家軍は、元暦二年（一一八五）三月二十四日、源氏の水軍を壇ノ浦で迎え撃った。正午前よりはじまった合戦は、西から東への潮流に乗って、はじめは平家軍が優勢であった。しかし、三時ころに潮の流れが変わると、形勢は逆転した。——というのが、これまでの通説である。事実は、直接の戦闘員ならざる水夫《かこ》や楫取《かじと》りは殺さないという船いくさの約束事を破って、源氏軍はまっさきに彼らを弓で血祭りにあげた。これで統率もままならず平家軍はガタガタになった。非情が戦いを制したのである。

このとき、『平家物語』に残る泣かせる名言がいくつもある。

「浪《なみ》の下にも都の候《さぶら》うぞ」と八歳の安徳天皇を抱き、二位尼は入水《じゅすい》する。

いや、何よりいいのは平知盛《たいらのとももり》のいさぎよい最期の言葉。

「見るべき程《ほど》の事は見つ。今は自害せん」

解釈はいろいろだが、素直に「この世の栄華も悲惨もすべて見とどけた。思い残すことはない」ととるのがいちばんよろしいか。さっぱりした知盛の武者ぶりが浮きでる。

そして「海上には赤旗赤じるし投げ捨て、かなぐり捨てたりければ、龍田川の紅葉《もみじ》ばを嵐《あらし》の吹きちらしたるがごとし」。まさしく、滅びゆくものは美しいのである。

60「泣く子と地頭には勝てぬ」――守護地頭の設置

一一八五年

元を正せば後白河法皇の政治的野心に発している。源義経を使って兄頼朝を追討しようとした。が、頼朝と義経とでは、人間的器量も信望もケタ違い。たちまち義経の身が危なくなり、姿をくらますことになる。と、法皇は鎌倉に逆に「義経追討」の院宣《いんぜん》を下す。頼朝はよかろうと、千余騎の軍勢を上洛《じょうらく》させるとともに、「守護地頭」設置の要求を法皇に突きつけた。すなわち御家人や武士を全国の守護・地頭に任命し、田地一反あたり五升の兵糧米《ひょうろうまい》を徴収することを認めさせたのである。

これは公家や社寺が協同して守ってきた旧秩序にとっては、決定的な打撃になる。が、頼朝追討を命じたという事実を消せない法皇は、いまさら頼朝に抗することもできず、泣く泣くこれを認めざるを得なくなる。ときに文治《ぶんじ》元年（一一八五）十一月二十九日。

かくて鎌倉幕府の基盤が出来上がった、なんて歴史的事実より、「泣く子と地頭には勝てぬ」という名言が残ることになる。すなわち、ある抗することのできない絶対力のことを指す。そこから「地頭」のかわりに「税務署」「社長」「サラ金」、いやいや、ちかごろいちばん多いのは「女房」とする言い換え。わたくしもまた、その一人。

パパはママに言い負かされて地蔵さん　キン坊

61 「昔を今になすよしもがな」――静御前の哀しい舞い

一一八六年

史書『吾妻鏡』によれば、四月八日の昼下がりのこと。

「吉野山みねのしら雪ふみわけて　入りにし人のあとぞ恋しき」

と、恋しい人を慕う歌をうたいつつ、袖《そで》をひるがえす。そして、さらに哀《かな》しい歌を。

「賤《しず》や賤《しず》　しずの苧環《おだまき》くり返し　昔を今になすよしもがな」

妊娠中の身を水干《すいかん》の男装束につつみ、逃亡中の反逆者の源義経を恋い慕い、高らかに歌い舞う静御前《しずかごぜん》。ところは鎌倉の鶴岡八幡宮。『吾妻鏡』には、「上下皆興感《こうかん》を催す」と書かれている。義経を憎む兄頼朝を前にして、女の身ながらほんとうに堂々としている。居並ぶものが感服したのは当然であろう。実に文治二年（一一八六）の四月のこと。

江戸川柳もさすがに一緒になって感服している。「舞を見るときは諸侯も静なり」「一世一代鎌倉で舞うつらさ」。

そのあとの歴史は無情で、女子なら許すとされていたが、このあと静は男子を生んだ。もちろん義経の子である。このため、その子は由比ケ浜に沈められ、静は京都に帰され、その後の消息は不明となる。哀れと書くほかはない。

ちなみに『吾妻鏡』によると、静の舞が舞われたのは八幡宮の回廊であったという。

62「心姿よく詠《よ》む」——『千載和歌集』の完成　一一八七年

藤原俊成は一代の間に六条家とならび称される歌学の家の地歩を築いた歌人である。有名な定家の父でもある。その俊成に和歌集撰進《せんしん》の院宣《いんぜん》が下ったのは、彼が七十歳のときという。そんな年寄りにと、それだけでびっくりさせられるが、実はこれが寿永二年（一一八三）と知れば、もっとびっくり。まさに平家一門が源氏の勢いに押されて都落ちした年。一方で合戦、他方で勅撰和歌集《ちよくせんわかしゆう》の話と、日本人のすごさはこんなところにもある。

こうして騒乱をよそに、俊成は精魂をこめて撰進につとめ、四年後の文治三年（一一八七）九月二十日、ようやく完成して後白河法皇にうやうやしく奏上した。『千載《せんざい》和歌集』である。

「春の夜の夢ばかりなる手枕《たまくら》にかひなく立たむ名こそをしけれ　周防内侍《すおうのないし》」「うかりける人を初瀬の山おろしよはげしかれとは祈らぬものを　源俊頼」「ながからむ心もしらず黒髪の乱れてけさはものをこそ思へ　待賢門院加賀《たいけんもんいんかが》」「わが袖はしほひに見えぬ沖の石の人こそ知らねかわくまもなし　二条院讃岐」「ほととぎす鳴きつるかたをながむればただ有明の月ぞ残れる　藤原実定」

そんな百人一首の有名な歌よりも、俊成のきっぱりとした言葉がいい。

「歌はただ構えて心姿よく詠《よ》まんとこそすべきことに侍《はべ》れ」

63 「死したりとも、われを守護せよ」——弁慶の立ち往生

一一八九年

文治五年（一一八九）閏《うるう》四月三十日、朝廷から追討の命令の下っていた源義経が、藤原泰衡《ふじわらのやすひら》軍の襲撃を受け、平泉の衣川の館で最期をとげた。これまで義経の庇護者であった藤原氏が行動を起こした裏には、鎌倉の兄頼朝の相当な圧力がかかったことは明瞭《めいりよう》である。数々の源平合戦で栄誉を残し、平家政権の崩壊に大役をはたした義経であるが、報われることなく、三十一年の生涯を終えた。

『義経記』によれば、義経は最後の最後に武蔵坊弁慶に言った。「死したりとも、われを守護せよ」と。経を読み終わるまで、死んでも自分を守ってくれよ。仰せをうけ給《たま》わった弁慶の獅《し》子奮迅《ふんじん》の働き、そして立ち往生の様は、うるわしき主従の情をまじえ、壮烈かつ悲壮な物語として永遠に残る。

「鎧《よろい》に矢の立つ事数を知らず。折り掛け折り掛けしたりければ、蓑《みの》を逆様《さかさま》に着たる様にぞありける」、そして「立ちながらすくみたる事は、君の御自害の程《ほど》、人を寄せじとて守護の為《ため》かと覚えて、人々いよいよ感じけり」。

いまも、全力を尽くして努力すれど、いよいよ進退きわまったとき「ついに弁慶の立ち往生だ」と言う。何もしないで駄目になったときには使えないのである。念のため。

64「花の下にて春死なむ」――西行法師の羨ましい最期　――一一九〇年――

文治六年（一一九〇）二月十六日は、西行《さいぎょう》法師が七十三歳で生涯を閉じた日である。それはまさに願ったとおりの死であった。

かれの歌集『山家集《さんかしゅう》』には、その願いをこめた有名な名歌がある。

「願はくは花の下にて春死なむそのきさらぎの望月のころ」

咲き乱れる満開の桜の下で、死にたいものよ。しかも、春、二月の満月のころに、という意である。「きさらぎ」とは陰暦二月のこと。いまの暦で二月といえば花どころか、寒風がひょうひょうと吹いているが、陰暦ではもう春風の吹き桜も爛漫《らんまん》と咲いているとき。

しかも、源平の争いが終わったのが五年前、まだ世人には末世の意識が強かった。そのときに、思いどおりの死をとげられるとはよほど仏に愛された人なんだ、と当時の歌友は大いに感銘してその死を哀惜したという。

いや、むかしの人ばかりではない。いま高齢社会のわれわれには、生きることも大事業ならば、死ぬこともまた大事業と思わないわけにはいかない。死ぬに死ねないという昔からの言葉があるが、ちょっと違う意味で、いまは死ぬのも容易ではないときなのである。植物人間という言葉もある。願ったとおりに死ねるなんて、羨ましい限りである。

65「馬は吠《ほ》え牛はいななく世」——曾我兄弟の仇討ち

一一九三年

建久四年（一一九三）五月、源頼朝は御家人を大勢引き連れて、富士の裾野《すその》に大巻狩《まきがり》を行った。河津三郎祐泰《すけやす》の遺児である曾我十郎祐成《すけなり》と同五郎時致《ときむね》の兄弟は、これぞ好機到来と勇み立ち、父の仇工藤祐経《くどうすけつね》の陣屋に忍び入り、枕《まくら》を蹴《け》り大呼して祐経を斬殺《ざんさつ》した。これが二十八日の夜のこと。兄弟は結果としては斬《き》り殺されたが、いまも箱根山中の国道一号線の傍らに、兄弟の墓といわれる五輪塔婆二基がある。

日本三大仇討《あだう》ちの一として、あまりにも有名な曾我兄弟の仇討ちである。が、名言となると、歌舞伎芝居のせりふに頼るほかはない。『夜討曾我狩場曙』の狩屋の十番斬りで、そこで五郎がいう、

「馬は吠《ほ》え牛はいななく世の中に、四十の男《お》の子四つになりたり」

すると兄が「いまわの秀逸、時致集とも召されなん」と、弟を立派な歌人とほめたたえる。そこのせりふの、「馬は吠え牛はいななく世」を耳にするたびに、いまもまた、そんな妙な世の中かもしれないと、いつも思う。とにかく、人権を守るためという正義を看板に他国への空爆が許されたり、テロの報復のために国家主権をまったく無視して戦争をおっぱじめたり、過去の戦争論くそ食らえのことがつぎつぎに行われている。畜生の世界、恐ろしきかな。

66「日本一の大天狗」──源頼朝の死

一一九九年

日本史上の人物で、超大物であり、かなり面白い人物かも知れないが、さっぱり好きになれない一人に、源頼朝がいる。源義経にたいする判官贔屓《びいき》もあるであろうが、それよりも何となく陰湿で、冷徹な権力の亡者で、精神的に同感しがたいところが多すぎる。

第一、軍事政権としての鎌倉幕府をつくり、日本国を牛耳った大権力者のくせに、歴史に残るような名言はほとんど残していない。人間的でない証拠といえようか。いや、一つあった。後白河法皇を評して「日本一の大天狗《てんぐ》」といった言葉が、何となく本人自身を語っているようで、愉快に思えないでもない。

いよいよ旗挙げのとき、将士をひとりずつ密室に呼び、そっと「ひとえに汝のみが頼りなり」と言ったという『吾妻鏡』にある話。これを読むと、何と権謀術数に富んだ男かと嫌になる。もっとも、天下をとるやつというのはそれでなくてはいかん、のかも知れない。

その征夷大将軍が没したのは、建久十年（一一九九）一月十三日。死因は不明である。一説に前年の十二月二十七日、相模川の橋供養の帰りに落馬した傷が原因とされている。はっきりしないことから、世間では平家の怨霊《おんりょう》によるものと噂《うわさ》しあったという。当時からして人気がなかったのか。

67「おごれる人も久しからず」――『平家物語』のサワリについて　一二四〇年

源平合戦ということで、『平家物語』を何度も引用した。そもそも、この物語が一般に流布しだしたのは、一二四〇年代とされる。仁治元年（一二四〇）の『治承物語』が原作か？　という説もあるそうな。そんなわけで、いささか時代を異とするが、やはりこの物語の最高の、しかもわたくしがもっとも好む名文を、ここでふれておくことにする。

「祇園精舎《ぎおんしょうじゃ》の鐘の声、諸行無常《しょぎょうむじょう》の響あり。沙羅《さら》双樹《そうじゅ》の花の色、盛者必衰《じょうしゃひっすい》の理《ことわり》をあらわす。おごれる人も久しからず、唯春の夜の夢のごとし。たけき者も遂にはほろびぬ、偏《ひとえ》に風の前の塵に同じ」

すばらしい文句である。今日まで日本人の誰もが何度もこの文句を口にしたり、耳にしたりして生きてきたことは間違いない。すべての人がここから無限の訓戒をえた。諸行無常、盛者必衰は、日本人の人生観の根本にあったのである。それが穏やかで謙譲の美徳をもつ日本人を育ててきた。が、いまはどうか。民族をあげて「たけき者」「おごれる人」の集団と化す。そんな気がしてならぬ。『平家物語』はこうも言う。

「つく〴〵物を案ずるに、娑婆の栄華は夢の夢、楽しみ栄えて何かせむ」

まったく、何んにもならぬ。

第四章　鎌倉・南北朝

野に叫ぶ宗教家たち

68　「衆生《しゅじょう》を救うために」——運慶・快慶の力士像造立

一二〇三年

奈良の東大寺南大門に、どっしりと構える金剛力士像を仰ぎ見るたびに、その力強く写実的な造形に感嘆を久しうする。鎌倉彫刻のすばらしさ、というより日本芸術の見事な完成ぶりを賞揚すべきか。ご存じの運慶・快慶の両仏師の作。造立《ぞうりゅう》は建仁《けんにん》三年（一二〇三）七月二十四日にはじめられた。二人のほかに十六人が手伝い、八メートル余の巨像を七十日間で完成させたと記録にある。

作風の微妙な差によって口を開いたア形は快慶、閉じたウン形は運慶の作といわれている。鑑賞眼の不足しているこっちには、どちらも傑作とみえるばかりで、さっぱり技法的な区別はつかないが、好みでいえばウンのほうがよろしいような気がする。

夏目漱石『夢十夜』にも、浅草の仁王像を造っている運慶が登場する。厳しい憤怒の顔をした像とくれば、運慶の作品と解することがごく自然というわけである。

この運慶が死んだとき、「衆生《しゅじょう》を救うために」との閻魔《えんま》大王《だいおう》の特別の計らいがあって、運慶は娑婆《しゃば》へ戻された。蘇生《そせい》した彼は「せめてものお礼です」と閻魔の像を造った。それが鎌倉円応寺のエンマ様であるそうな。運慶ほどの名匠がなぜ死んだら天国ではなく地獄へ行くのか、この逸話を聞くたびに、いつも不思議に思っている。

69「身はいやしく心はたかく」――法然上人の入滅

一二一二年

智恵は本邦第一といわれた人が、仏教界での出世栄達の道を選ばず、凡夫もなお阿弥陀仏によって救われ得ることを信じて、新しく浄土宗をひらいた。ときに承安五年、その人四十三歳のこと。当然、既成宗教の風当たりは強まる。とくに先頭を切って法然教団の圧迫に乗り出したのが、比叡山延暦寺である。その人は最後まで屈しなかった。

その人、すなわち浄土宗の開祖法然《ほうねん》上人が、「光明遍照十方世界、念仏衆生摂取不捨」の文を唱え、念仏しながら齢《よわい》八十で亡くなったのは、建暦二年（一二一二）一月二十五日である。

その法然上人をはじめ鎌倉時代初期の念仏者三十余人をえらんで、熱烈な信仰のことを集めた書に『一言芳談《いちごんほうだん》』がある。そのなかで、極楽往生をねがう者にとって何がいちばん肝要か、と問われて、法然が答えた言葉が実にいい。

「身はいやしく心はたかく有りなん」

いやしくとは身分は高くなくともの意。身分高ければ愛欲とか貪欲とか驕慢《きょうまん》とかが起こり、ろくなことはない。むしろ心をどこまでも高くもち、名利にとらわれず煩悩の苦界から超然たれ、そう法然はいう。宗教の理念を超えた人生の名言かと思う。ただし、なかなかこうはいかない。地位や財力にこだわるのが凡夫。なおさら「心は高く」あらねばならない。

70「ゆく河の流れは絶えずして」——『方丈記』成る　一二一二年

「ゆく河の流れは絶えずして、しかももとの水にあらず。淀《よど》みに浮かぶうたかたは、かつ消えかつ結びて、久しくとどまりたる例《ためし》なし。世の中にある人と栖《すみか》とまたかくのごとし」鎌倉時代の古典『方丈記《ほうじょうき》』の出だしの名文である。『徒然草《つれづれぐさ》』のそれと同様に、リズミカルな、覚えやすい文章で、わが中学時代には有無をいう暇《いとま》もなく暗誦《あんしょう》させられた。いまでもときどき世の無常をつくづくと感じるときなど、口に出して味わっている。

『方丈記』にはまた、都を焼き尽くした戦火の凄まじい描写もある。東京大空襲の火の渦をくぐりぬけながらその一節を痛烈に実感したことも記憶に鮮やかである。

「火の光に映じて、あまねく紅《くれない》なる中に、風に堪《た》えず吹き切られたる焔《ほのお》、飛《とぶ》が如くして一二町を越えつつ移りゆく。その中の人、現《うつ》し心あらんや」

作者は申すまでもなく、鴨長明《かものちょうめい》。彼が五十歳をすぎて世を捨てて、京都の日野に方丈（三メートル四方、四畳半）の庵を結び、そこでこの書を一夜にして書いた。それは建暦二年（一二一二）三月のこととされている。世は生々流転、すべては流れ来《きた》り流れ去る。栄華盛衰もたちまちに流れ去る。東洋哲学の神髄と思っていたら、古代ギリシャの哲学者ヘラクレイトスも「パンタ・レイ」（すべては流れる）といったそうな。なるほどね、東西相通ず、であるか。

71「消《き》えも失《う》せばや」——建礼門院のつらい一生

――一二一三年――

壇ノ浦合戦で、安徳天皇、二位尼とともに、西海に身を投げた天皇の母徳子（建礼門院《けんれいもんいん》）は、幸か不幸か、救われて生き延びることになる。そして大原の寂光院《じゃっこういん》に住む。尼としてである。『平家物語』の「大原御幸《ごこう》」はすばらしい名文で、後白河法皇が寂光院に彼女を訪ねたときの場面を描いている。そのときの建礼門院の言葉が痛々しい。

「世を捨つる御身といいながら、今かかる御有様《ありさま》を見え参らせんずらん慚《はずか》しさよ。消《き》えも失《う》せばや」

このような粗末な姿はいわば世捨て人の習わしでありましょう。しかしやはり、このような姿で法皇様にお目にかかるのは恥ずかしく思われます。できることなら、消え失せてしまいたいものであることよ。死ぬに死ねない女人のつらさ、まさに生き恥をさらす、そのつらさというものであろうか。

あまつさえ命惜しさに源義経と通じたのどうのという忌まわしい噂もながれ、頼朝が激怒したともいう。「生き恥」という言葉では足りない絶望と悲痛を味わわされる。

この最高の栄光と堪《た》えきれない悲惨とを、短い間に体験した彼女の死んだのが、建保《けんぽう》元年（一二一三）十二月十三日、享年五十八。長すぎる一生と思ったことであろう。

72 「茶は養《よう》生《じょう》の仙薬なり」——栄西禅師の功績

一二一五年

源実朝《さねとも》に進上したその著『喫茶養生記』にはこうある。

「茶は養生《ようじょう》の仙薬なり。延命の妙術なり。山谷これを生ずれば、その地神霊なり。人倫これを採らば、その人長命なり。天竺《てんじく》唐土おなじくこれを貴重す」

書いたのは臨済宗の開祖の栄西《えいさい》。鎌倉時代の高僧である。宋の国に渡ること二度、日本に禅を定着させる道を開いた最初の人。

とにかく臨済禅の布教にたいして、天台宗一派の排撃にあっても、「伝教大師が手を染めた禅門の教えを排するならば、伝教もまた非、伝教もし非なれば台教立たず」と猛烈に反駁《はんばく》して一歩も退《ひ》かなかった。そして鎌倉に向かい源頼朝に近づく。「座禅でみずから悟りを開く」という彼の教えは鎌倉武士にぴったり。大いに信頼された彼は寿福寺を創建する。また、のち京都に建仁寺を建立する。

という難しい話よりも、日本にお茶をひろめた人としてこの人を紹介するほうが一般的か。日本に茶の栽培と喫茶の流行の基をつくったのも、栄西が宋の国より彼が茶の実を持ちかえったゆえ、とされている。もちろん伝承であるが、嘘っぱちでは決してない。で、お茶好きゆえお茶の話ではじめたわけである。建保《けんぽう》三年（一二一五）七月五日、この茶祖は没す。

73「山はさけ海はあせなむ……」——源実朝、暗殺さる　一二一九年

評論家の加藤周一は源実朝《さねとも》のことを「まったく無能の大将軍があり、『金槐《きんかい》和歌集』の歌人の天才があった」と書いている。ほんとうにその通りというか。

源頼朝の次男、兄頼家が殺された後を継ぎ、三代将軍と毛並みはいいが、政治家としてはやる気なし。鎌倉幕府の実権は北条義時を中心とする有力な御家人が握っている。実朝は貴族の娘を妻にし、もっぱら和歌を詠み、京都のみやびにだけ心を寄せている。これでは甥《おい》の公暁《くぎょう》がおだてられ、実朝を殺して自分が将軍になろうという野心を燃やしても当然である。

建保七年（一二一九）一月二十七日、鶴岡八幡宮の階段際の大銀杏《いちょう》のところで、実朝が公暁に暗殺される事件が起きる。操られた公暁もすぐに殺され、ここに源氏の正統は滅ぶ。

しかし、政治は所詮はかなくかりそめでも、歌は永遠である。「山はさけ海はあせなむ世なりとも君にふた心わがあらめやも」「時により過ぐれば民のなげきなり八大龍王雨やめたまへ」と、ただちに彼の歌がいくつも想いだせる。とくに好きな歌「箱根路をわれ越えくれば伊豆の海や沖の小島に波の寄る見ゆ」は、晴天下の景観が実にでっかく歌われていい。わたくしもかつて「冬の行実朝も見たり伊豆の海」と句会でやって多くの点を稼いだことのあったことを思い出す。歌のお蔭で実朝の名も永遠である。

74「荒き波風心して吹け」——後鳥羽上皇らの流罪

一二一九年

建保七年（一二一九）一月、将軍源実朝が暗殺されたことで、後鳥羽上皇はこの事件を鎌倉幕府退潮の兆しとみてとった。いろいろの工作を経たのち、承久三年（一二二一）五月、いよいよ執権北条義時を追討せよとの命令を発し、承久の乱の旗をあげる。

が、上皇の計画は鎌倉方には筒抜けであった。幕府は総勢十九万騎をくりだして西に進軍、各地で勝利をあげる。上皇側の軍勢の弱いこと、たちまち幕府軍は六月十五日に京都に入城してしまう。上皇側の文句のない完敗である。

義時は戦後の処理を厳しいものとした。首謀格の後鳥羽上皇を隠岐に、順徳天皇を佐渡に、土御門上皇を土佐（のち阿波）にそれぞれ流刑《るけい》。上皇軍に加わった公家、武士は斬罪《ざんざい》、流罪《るざい》に処せられる。こうして京都と鎌倉との対立は解消し、武家が優位を確保する形で乱は収拾され、北条執権政治の時代となる。

優れた歌人・後鳥羽院の歌「人もをし人も恨めしあぢきなく世を思ふゆゑに物思ふ身は」には、幕府に対決して苦悩する院の苦しい心情の吐露がある。見事なものである。もう一つ、「われこそは新島守よおきの海の荒き波風心して吹け」

島流しされながら、帝王らしい堂々たるところを見せて、より名歌である。

75「ただ道理という二文字」――『愚管抄』の慈円の死

――一二二五年――

すでに一度ふれたが、百人一首の「おほけなくうき世のたみにおほふかなわがたつ杣《そま》に墨染《すみぞめ》の袖《そで》」で知られる動乱の鎌倉時代前期の僧にして歌人・慈円《じえん》は、天台宗の座主に四度もつくという名僧である。嘉禄元年（一二二五）九月二十五日に入滅した。享年七十。というよりも、動乱の世を正すために書いた歴史書『愚管抄《ぐかんしょう》』の著者といったほうが分かりいいか。

「一切の法はただ道理という二文字がもつなり」

これが慈円の哲学の根本である。仏法も政治も歌法も世の動きも、ありとあらゆるものは道理によって支えられている、と説くのである。この世には天地創造とともに確立した道理がある。人はこれによって立てば強い自信がわきいで士気が生じる。慈円はそう説きに説いてやまなかった。と同時に、日本は神国という強烈な理念を最初に歴史に据《す》えた書でもある。

その反面で詠む歌は西行ばりのあでやかなもの。その宗教的厳しさと歌は大分違う。

「人ごとにひとつはくせのありぞとよ我には許せ敷島の道」

「野べの露は色もなくてやこぼれつる袖より過ぐる荻の上風」

あとのほうの「こぼれつる袖」は、恋の悲痛な涙が袖を濡らすのである。ここまで読みとらなくては真の鑑賞とはならない。敷島の道（歌の道）は厳しいものよ。

76「散りゆくものは道義なりけり」——百人一首の傑作

一二三五年

いまはまったく無縁の若い人も多くなったが、日本人の生活感覚や美意識と小倉百人一首とは、その昔は切っても切れない関係にあった。すでに本書ではいくつも名歌を引用してきた。ところで一説に、文暦二年（一二三五）五月二十七日、藤原定家が小倉山荘で、天智天皇いらいの名歌を一首ずつ色紙に書いた、それが百人一首の起源とされている。本当かどうか。厳密にそれは問わないことにして、終戦直後に矢野目源一が作ったパロディ百人一首がある。カルタに縁なき衆生も、それをしばし楽しんでいただきたい。

「ラクチョウのガードの下のお茶引きのパン助見れば夜ぞ更けにける」「わが家は八人家族三畳によく寝られると人はいうなり」「蚤《のみ》シラミ移りにけりないたずらに十円出して長湯せし間に」「配給よ絶えなば絶えねいつもいつもスケトウ鱈《だら》に弱りもぞする」「歎《なげ》けども月はや満ちて狸腹《たぬきばら》カボチャ顔なるわが涙かな」

と、当時敗戦ボケの胸にしみとおった名（?）歌がいくらでも浮かんでくるが、なかでも傑作は、「敗戦の嵐《あらし》のあとの花ならで散りゆくものは道義なりけり」であった。

77「紅旗征戎《こうきせいじゅう》、吾《わ》が事《こと》に非《あら》ず」――藤原定家の覚悟

一二四一年

歌人として著名な藤原定家は、いわゆる源平の争乱と、つづく承久《じょうきゅう》の乱という大きな戦いを生涯に体験している。これらの戦乱は雅《みや》びな王朝の終結を否応なしに示すもので、彼の信じている和歌の世界とは根本から異なる、人間と人間が殺し合うというおぞましい世界であった。定家の日記『明月記』には、こうした時代に対する憎悪と、ますますのめり込んでゆく和歌への思いとが、痛切に綴《つづ》られている。

なかでも有名な言葉は、源平合戦のはじまった治承《じしょう》四年（一一八〇）の九月の条に記されている、

「世上の乱逆追討、耳に満つといえども、これを記さず。紅旗征戎《こうきせいじゅう》、吾《わ》が事《こと》に非《あら》ず」

の堂々たる宣言であろう。耳に入ってくる凄《すさ》まじい合戦のことなど、あえて記そうとは思わない。紅の旗をひるがえして、賊を征伐するというが、私の全く関与することではない。単なる歌人ではなく、剛毅《ごうき》な性格の人であったことが、何となく偲《しの》ばれる。

なれど、最近の研究では、自筆本を精査したところ、これは晩年になって彼が書き加えたものと判明しているそうな。しかもこの言葉のそもそもは『白氏文集』にあるとか。

この定家の没したのが仁治《にんじ》二年（一二四一）八月二十日。享年八十。

78 「洗面せず」——道元禅師の名言の一つ

一二五三年

　建長五年（一二五三）八月二十八日、曹洞宗の開祖道元禅師死す。享年五十四。その道元の『正法眼蔵《しょうぼうげんぞう》』と聞いただけで、降参となる人も多いかもしれない。しかし、怖がらずに読むと、面白いことが書かれている。たとえば第五十「洗面」の巻に、

「日本国は、国王大臣、老少朝野、在家出家の貴賤《きせん》、ともに嚼楊枝《しゃくようじ》・漱口《そうこう》の法を忘れず、しかあれど洗面せず。一得一失なり。いま洗面・嚼楊枝ともに護持せん」

なんて書かれてある。すなわち、歯を磨き口を漱《すす》ぐついでに、顔も洗いなさい、と道元は勧めている。洗面提唱の元祖が道元であったことが、このことでわかる。

　たまにはそれを読むことで故人を偲《しの》ぼうか。「仏道を習うというは、自己を習うなり。自己を習うというは、自己を忘るるなり」「玉は琢磨《たくま》によりて器となる。人は錬磨《れんま》により仁となる。何《いず》くの玉かはじめより光ある、誰人《たれ》か初心より利なる。必ずみがくべし、すべからく練るべし」「学道の人、衣食に労することなかれ」。こんな風に、まこと名言がどっさり。

　とくに気に入ったのは、「桃李の花、いまだ梅柳に咲くことなし。梅柳の花は梅柳に咲き、桃李の花は桃李に咲くなり」。何だ、当り前のことじゃないか、なんて早合点してはいけない。要は空中に幻の花を見ることなかれ、ということなのである。

79「善人《ぜんにん》なおもて往生《おうじょう》をとぐ」——親鸞上人の「善人」と「悪人」　一二六二年

正しく解説できるか、いささか自信はないが、『歎異抄《たんにしょう》』第三条を書き写すことにする。「善人《ぜんにん》なおもて往生《おうじょう》をとぐ、いわんや悪人をや。しかるを、世のひとつねにいわく、悪人なお往生す、いかにいわんや善人をや。この条一旦そのいわれあるににたれども、本願他力《ほんがんたりき》の意趣にそむけり。そのゆえは、自力作善《じりきさぜん》のひとは、ひとえに他力をたのむこころかけたるあいだ、弥陀《みだ》の本願にあらず」

これを一言で言えば、悪人こそ慈悲の対象なのであり、大事なのは「仏の慈悲にひとえにすがる」という心なのである、ということになろう。となると、悪人とは何かを考慮に入れないと、受け取りようによっては、これほど危険な毒を含んだ言葉はないことになる。へたをすると、念仏さえ唱えていれば人を殺そうが、社会的常識に反逆しようが、なんら罪にならずという思想にたどりつくやも知れない。

親鸞《しんらん》はみずからを「地獄がすみか」と観じぬいた〝悪人〟と悟ったのである。その〝悪人〟である己が救われるためには、裸のわが身を仏の前にさらけだす、他力の念仏者となるほかはない、と開眼したのである。君よ、間違え給うことなかれ。

ま、議論はそれまで。親鸞の入滅したのが弘長《こうちょう》二年（一二六二）十一月二十八日。享年九十。

80 「下剋上《げこくじょう》」——日蓮、鎌倉を去る

一二七四年

「蒙古《もうこ》軍はかならず来襲する、この国難を乗り越えるには法華経《ほけきょう》以外の経の祈禱《きとう》を行ってはならない」という諫言《かんげん》はついに採用されない。文永十一年（一二七四）五月十二日、日蓮《にちれん》上人は「三たび諫《いさ》めて聴かざれば、すなわちこれを去る」という古訓にしたがって、鎌倉を去って甲斐国身延山に赴いた。蒙古軍によって蹂躙《じゅうりん》されるであろうそのあとの日本に、「南無妙法蓮華経」のみは残したいとの信念によるものであった。

身延山久遠寺《くおんじ》には日蓮の堂々たる像がある。それと対面していると、何時でも誰とでも、この人は真剣に真率な会話をした、そのときの迫力がいまも伝わってくる。それも詩的に、かつ哲学的に。いやもう、これは圧倒されるのみだなと嫌でも思わせられる。

この詩人的な上人には多くの名言がある。「禍《わざわい》は口より出でて身を破る、福《さいわい》は心より出でて我を飾る」もいいし、「我《わ》れ日本の柱とならん、我れ日本の眼目とならん、我れ日本の船とならん」も、強固な決意のほどが窺《うかが》われていい。

面白いのは「下剋上《げこくじょう》」という言葉。これも日蓮がはじめて使った。正法《しょうほう》である法華経が、真言宗・禅宗・念仏宗・律宗によってないがしろにされている、すなわち「念仏無間《むげん》、禅天魔、真言亡国、律国賊」である。その状況を憂えて、それを下剋上と日蓮は評したのである。

81 「今の世の人のこは」——阿仏尼、為家らを叱る

一二七七年

歌人藤原定家の子の為家《ためいえ》には、正室と側室がおり、そのために為家が亡くなると、二人がそれぞれ生んだ子との間で遺産の相続争いがまきおこった。昔も今も人間のやることは同じである。さて争いは朝廷に、つづいて六波羅《ろくは ら》探題《たんだい》にもちこまれたが、ラチがあかない。ついに側室のほうが、鎌倉幕府に訴え白黒をつけてもらうことを決意する。

こうして建治《けんじ》三年（一二七七）十月十六日に彼女は京より鎌倉に旅立った。側室の名は阿仏《あぶつ》尼《に》という。つまり今に残る『十六夜《いざよい》日記』という名作の作者。この日記はこのときの鎌倉行の紀行文なんである。旅行記としては平凡、されど政治書として読むと面白い。

「昔、壁の中より求め出でたりけん書《ふみ》の名をば、今の世の人のこは、夢ばかりも、身の上のこととは知らざりけりな」（昔、壁の中から探し出された書物『孝経』の、その孝というものを、いまの子供は少しも自分に関係する大切なこととは考えもしないことよ）

『十六夜日記』の冒頭の一節。阿仏尼は定家の遺言を実行しなかった為家とその子の為氏とをまず叱《しか》りつけたのである。「いまどきの若ものは」と。泉下の為家もびっくり仰天したにちがいない。ましてや為氏は『孝経』のコの字も知らない阿呆よばわりされて、頭を抱えたかもしれない。まことにまことに、文筆の立つ女を側室にもつなかれ、というわけである。

82 「神風《かみかぜ》」——弘安の役のはじまり

一二八一年

文永《ぶんえい》十一年（一二七四）に侵攻ならず、いったんは引き揚げたモンゴル軍は、弘安《こうあん》四年（一二八一）六月六日、千隻からなる大艦隊でふたたび九州博多湾に突き進んで来た。

〈四百余州をこぞり、十万余騎の敵、国難ここに見る……その弘安四年夏である。

激闘六週間、日本軍の果敢な応戦に、モンゴル軍は攻めあぐむ。そこに大風が襲った。これは日本史、元史やマルコ・ポーロの旅行記にもある事実。当時の実戦記録の『八幡愚童訓《はちまんぐどうくん》』にも「去《さる》七月晦日《みそか》の夜半より乾《いぬい》の風おびただしく吹きいでて、閏《うるう》七月朔日《ついたち》は賊船ことごとく漂蕩《ひょうとう》して海に沈みぬ」とある。博多湾の乾つまり北西の風。新暦に直せば八月下旬で季節からみて台風によるものとわかる。当時は「神風《かみかぜ》」なんていってはいなかった。

拙著『風の名前　風の四季』（平凡社新書）にも書いたことであるから繰り返さないが、「かむかぜ」は伊勢の枕詞でしかなかったものを、このときの勝利ののち、朝廷が神恩を感謝して伊勢の神社を昇格させて、朝廷の護り神にしたらしいのである。そして、昭和戦前にはこれが元寇《げんこう》の「神風」となり、日本は神の国の証拠のようにもてはやされた。そして戦後は一転して「神風タクシー」とカリカチュアされる。いったい日本人の精神構造はどうなっているの？

吹く風に罪はない……。

83 「我というは煩悩《ぼんのう》なり」――一遍の他力念仏

一二八九年

鎌倉新仏教の開祖・一遍上人は、いってみれば〝遅れてきた青年〟である。ほかの宗派がほぼ影響力を固めたあとに、時宗を興した。「我というは煩悩《ぼんのう》なり」と、その語録にいう。すなわち、人間は己を頼み、自己本位の執着を離れえない。念仏をも自らの修行と思いこんでいる。そのような我執が、人間の迷妄《めいもう》の根源である。こうした己を頼む心の一切を捨て去り、南無阿弥陀仏の名号を唱えるときに、はじめて名号の力が往生させてくれる。つまり彼の教義とは、他力念仏《たりきねんぶつ》の極致を示すことにあった。

「とも跳ねよかくても踊れこころ駒弥陀のみ法《のり》と聞くぞうれしき」。一遍の歌である。踊ってみてはじめて阿弥陀仏の御法にあった嬉しさがわかる、と彼は説くばかり。

こうして一遍は「ナムアミダブツ」といいつつ全国を踊りつつ遍歴した。南無阿弥陀仏の名号の札を受けて結縁《けちえん》したもの、たちまちに二十五万人に及んだと伝えられる。踊り念仏をとおして一向宗は日本中に伝播《でんぱ》し、のちの戦国時代には信者が爆発的に増えた。その教義のいかに民衆的であったことか。

この一遍が享年五十で、和田岬（神戸市）の観音堂（のちに真光寺）で没したのが正応《しょうおう》二年（一二八九）八月二十三日である。

84 「天勾践《てんこうせん》を空《むな》しうすることなかれ」——後醍醐天皇、隠岐に流さる 一三三二年

天皇家の歴史のなかで後醍醐《ごだいご》天皇ほど剛毅《ごうき》で積極的な天皇はいなかった。日本国の政治をみずから行う、すなわち親政を志して、鎌倉幕府討伐をしばしば企てる。根底には中国の宋学があり、君主独裁こそが政治の理想なり、としたのである。が、幕府討伐をはかって失敗した後醍醐天皇は捕らわれて、隠岐の島に流されることになった。都を出てはるばると出雲国見尾《いずものくにみお》の湊《みなと》（美保関町）に到着したのが元弘二年（一三三二）三月十三日、と『太平記』は伝えている。

そして、宿泊所が院の庄、とも。

院の庄とくれば、戦前に教育を受けた人には、ただちに児島高徳《こじまたかのり》が思い出されてくることであろう。庭の桜の大木の幹を削って、そこに詩を書きつけた。これを知らされた天皇は思わずニッコリした、というお話である。詩は漢詩であるが、読みくだしてしまうと、

「天勾践《てんこうせん》を空《むな》しうすることなかれ、時《とき》に范蠡《はんれい》なきにしも非《あら》ず」

ああ、なつかしい！　と思う方も多かろうが、いまどきの人にはサッパリか。意味を書く。

「天よ、天皇が北条氏を討伐なさるその志を空しくしてくれるな。越王勾践に仕えた范蠡のような忠臣が時にいないわけではないのだから」。唱歌の時間に〽天勾践を空しうするなかれ……、と歌ったことを思い出しますな。

85「大将は智恵をもって肝要とす」——千早城の戦い

一三三三年

戦前の皇国史観華やかなりしころ、いちばん尊敬すべき人としてあげられていたのが、南北朝時代の武将楠木正成《くすのきまさしげ》である。それは『太平記』に描かれている話によっていた。いまは史実によってきびしく検証されて、詳しいことは不明、というのがこの人なんである。

とはいえ、『太平記』でのこの人の神出鬼没の活躍ぶりは、やっぱり胸のつかえがすーとおりる。後醍醐天皇の討幕の挙に応じて、赤坂城で挙兵。その陥落後は、千早《ちはや》城に籠《こ》もり、智略にとんだゲリラ戦で幕府の大軍をさんざんに叩《たた》きつける。元弘三年（一三三三）二月二十六日が千早城に北条勢が攻めかかった日。ぜんぶデタラメだよなんていう人もいるが……。

『桜井之書』という正成の伝記みたいなのがある。そのなかに、この武将のすこぶるいい言葉が残されている。

「大将は智恵をもって肝要とす。智恵に自慢おごりて、みがかざる大将は、皆代々持ちきたる国を失い、家を亡ぼすものなり」

皇居外苑にはこの人の馬上颯爽たる銅像がある。高村光雲の名作であるが、いまもそれを見るたびに、「結局は戦さで敗死した武将を崇め奉るのは、おかしいんじゃねえか」と余計なことを言い、先生にゴツンゴツンとやられた悪ガキ時代を、否応なく思い出させられる。

86 「剣《つるぎ》投ぜし古戦場」——鎌倉幕府の滅亡　一三三三年

鎌倉への入り口、稲村崎で新田《にった》義貞《よしさだ》は馬から下り、兜《かぶと》をぬいで、龍神に向かって祈願した。

「願わくは内海外海の龍神八部、臣が忠義をみて、潮を万里の外にしりぞけ、道を三軍の陣に開かせ給え」

祈り終わって黄金の太刀を海中に投げ入れた。折から満潮であったのに、何としたことか、潮はみるみる引いていき、稲村崎はひろびろと干上がった。横から攻撃しようと海にあった幕府軍主力の軍船は、はるかの沖に遠のいていくほかはなかった。

義貞は叫んだ。「いまぞ、進めや、者どもよ」

昔、唱歌でさんざん歌った「稲村ヶ崎名将の剣《つるぎ》投ぜし古戦場」の名場面である。これが江戸の川柳にかかると、「義貞の勢はあさりを踏みつぶし」となる。いずれにしても、義貞は希代のマジシャンであったと言うほかはない。

ときに元弘三年（一三三三）五月二十二日、この奇襲攻撃を受けて防御もままならず、鎌倉幕府は滅亡。執権北条高時をはじめ、北条の一門はことごとく腹をかきさいて最期をとげる。東勝寺にて死ぬもの八百四十七人。鎌倉全体では六千人をこえる人々が自決したという。鎌倉って怨霊の棲家《すみか》と違うか。呑気《のんき》に歌なんか歌ってはいられない心境になる。

87「朕《ちん》の新儀は未来の先例となろう」――後醍醐天皇、無念の死　一三三九年

鎌倉の北条幕府を倒し、天皇親政の建武新政を実現したときには、後醍醐《ごだいご》天皇の声望はすこぶる高かった。

「朕《ちん》の新儀は未来の先例となろう」

の言葉どおり、改革が大いに期待されたからである。しかし、その政策は君主独裁政治をめざしたものと、しだいにわかるにつれて、武将・貴族たちの強い反発を招くようになる。

そしてふたたび戦乱の世となり、新政は三年にして瓦解《がかい》し、足利幕府が成立する。後醍醐天皇はなおも吉野に南朝をひらき、北朝を奉ずる足利幕府と対抗し、京を回復する夢を抱きつづける。が、相次ぐ南朝軍の敗報のなか、「玉骨はたとえ南山の苔《こけ》に埋《うま》るとも、魂魄《こんぱく》は常に北闕《ほっけつ》の天を望まん」といいつつ、延元四年（暦応二年、一三三九）八月十六日に吉野で病没する。

とたんに、天皇への評価は百八十度転換してしまうのである。南朝擁護の筆致で徹底する『太平記』ですら、王朝衰微の因は天皇にあり、という口ぶりで批判する。つまり、天皇が政治に関与することは間違い、と言わんばかりである。

事実、これ以後、天皇は政治の実権からは遠く離れた存在となっていく。天皇親政の声が再びやかましく叫ばれだすのは、昭和になってからである。そしてその結果も……。

88「なき数に入る名をぞとどむる」——四条畷の戦い

一三四八年

南北朝時代はまことややこしい。昔は足利尊氏《あしかがたかうじ》は完全に悪人視されたが、ちかごろはなかなかの英雄となっている。楠木正成は忠臣の鑑《かがみ》とされたが、昨今は必ずしもそうでもない。歴史とは、そこに何らかのイデオロギーが加わると、つねに歪んでしまうもの。

正成の子の正行《まさつら》となると、かつては、修身の教科書や、落合直文作詞の唱歌「青葉茂れる桜井の」で、日本少国民の鑑のごとくに歌われ、崇拝されたもの。彼は父亡きあと南朝に仕え、北朝の幕府軍を相手に勇戦力闘した若武者。一時は京都へ攻めのぼるほどの勢いを示し、驚いた幕府は高師直《こうのもろなお》兄弟を大将に、大軍を派遣するといった慌てようであった。が、このごろその名を聞く機会はほとんどない。

その最後の戦いを前にして正行は詠んだ。

「かへらじとかねて思へば梓弓《あずさゆみ》なき数に入る名をぞとどむる」

戦争中の『愛国百人一首』で覚えさせられたが、悲壮ななかに澄んだ心ばえが察せられたい歌と思える。弓で射た矢が返ってこないように、自分も再び生きてかえることはないであろうから、過去帳に名だけを書きとどめておく。……その言葉どおりに、正平三年（貞和四年、一三四八）一月五日、四条畷《しじょうなわて》の戦いに敗れた正行は、自害する。享年二十三。

89 「万《よろず》の事はたのむべからず」――『徒然草』の名言

一三五〇年

「つれづれなるままに、日暮らし、硯《すずり》にむかいて……」の『徒然草《つれづれぐさ》』には、もうわが好みの名言が山ほどもある。今回はそのオンパレードで。

「すなおならずして拙《つたな》きものは、女なり」（すなおさを欠き至らないもの、それが女）。「万《よろず》の事はたのむべからず」（万事、何かに頼ってはならない）。「大欲《たいよく》は無欲に似たり」（大欲は本質的に無欲と同じようなものだ）。「下戸《げこ》ならぬこそおのこはよけれ」（酒を飲めないわけではないというのが、男として望ましい）。エトセトラ。

なかでも、人の一生でいちばん望ましいのは、「いずれが勝るとよく思い比べて、第一の事を案じ定めて、その外は思い捨てて、一事を励むべし」という言葉が心にしみる。人間たるものは、若き日からあれもこれもと目移りすることなく、これはと思い定めた事だけに集中して励むがいい。齢《よわい》七十になると、そうだよなあ、と心から同感する。

この『徒然草』の作者吉田兼好の死んだのは、一説に、観応元年（一三五〇）四月八日になっている。とすると、楠木正行《まさつら》の戦死二年後のことになる。「たのむべから」ざる戦乱の時代に、シコシコ皮肉に満ちた文を書いていたわけか。兼好という人のフテブテしさ、『徒然草』の読み方を少々変えたくなってくる。

90「本《もと》を得ば末を愁《うる》うことなかれ」——夢窓国師《むそうこくし》の造園術

一三五一年

京都の天龍寺の庭、西芳寺（苔寺）の庭、臨川寺の庭、といった今に残る庭を見るだけで、この人の造園に関する天才を、つくづくと感じないわけにはいかない。禅を日本に導入したのは栄西であるが、それを和様化して一般化した、といわれる疎石夢窓国師《そせきむそうこくし》のことである。

足利尊氏《あしかがたかうじ》が西芳寺を訪ねたとき、あれほど見たがっていた梅の花は散っていた。残念がる尊氏に、夢窓は一首詠んで呈した。その歌がいい。

「さかりをば見るひとおおし散る花のあとをとうこそ情けなりけり」

夢窓はもともとは真言密教や天台教学に傾倒していた。なぜ禅宗に転じたのか。師事していた天台の高僧が死に際にひどく取り乱したからで、死に臨んで用をなさないのであれば、何のための信仰であろう、と喝破したためである。

それだけにこの臨済宗の高僧は堂々たる生涯を送った。亡くなったのは観応二年（一三五一）九月三十日、享年七十七。その著書『夢中問答』には、数多くの名言がある。

「本《もと》を得ば末を愁《うる》うことなかれ」（根本が何より大切。枝葉末節にかかわり合うと、本当の解決は得られない）。「喜びの時は喜びの処《ところ》を看取せよ、嗔《いか》りの時は嗔りの処を看取せよ」（喜怒哀楽、その時々が人間修養の時と心得よ）。言われてみればもっともである。

91「文武両道」——足利尊氏の遺書

一三五八年

足利尊氏《あしかがたかうじ》といえば、戦前にあっては極悪人の一人。はじめは後醍醐《ごだいご》天皇の挙兵の命に従い、鎌倉の北条幕府打倒の中心として大いに活躍した。高氏という名を尊氏と変えたのも、後醍醐天皇の御名から一字を賜ったからである。ところが、のちに叛旗《はんき》をひるがえし、新田義貞《にったよしさだ》や楠木正成《くすのきまさしげ》らの天皇軍を破り、京に入って光明《こうみょう》天皇を擁立し、ついに室町幕府を樹立して南北朝時代の長い内乱の元凶となる。これでは悪党視されても仕方がない。

が、その家柄、大度量、財宝を惜しまぬ政治性という点からみて、尊氏こそが最高の人物であったようである。京都清水寺に奉納の建武三年（一三三六）の願文が残っている。なかに「この世ハ夢のごとくに候」と、千軍万馬の武将らしくない、複雑な性格を偲ばせる一行がある。歴史をイデオロギーで見ることの恐ろしさである。

その尊氏が死んだのは、南朝の年号で正平十三年、北朝のそれでは延文三年（一三五八）四月三十日。享年五十四。それ以前の二月に、彼は二十一カ条の長い遺言状を書いている。「他人の悪を能《よ》く見る者は、己が悪これを見ず」「文武両道は車輪のごとし。一輪欠ければ人を渡さず」など。さぞやご本人が「文武両道」を心がけたことなのであろう。この武将の優れた人生観がそこにすべて表されている。

92 「人生五十、功なきを愧《は》ず」——細川頼之、追放さる

一三七九年

将軍足利義満の幼いときからの参謀・細川頼之は、その人望と智略によって、縦横に腕をふるってきた。そうして義満を立派なリーダーに育てあげた。が、やがて長じた義満にひどく疎まれるようになる。独裁権力を築こうという義満は、深謀遠慮の策略で、諸将をたきつけて反頼之派をつくるのに成功する。野心満々の長は、少々大人になると、力量のある保護者がだんだんに邪魔になる。よくある話である。

かくて康暦元年（一三七九）閏《うるう》四月十四日、細川頼之は讃岐へ追放された。都をあとにするときの、頼之の作った漢詩がいい。

「人生五十、功なきを愧《は》ず　花木、春過ぎて夏すでになかばなり　満室の蒼蠅《そうよう》掃えども去り難し　起ちて禅榻《ぜんとう》を尋ねて清風に臥せん」

禅榻とは座禅をする台。反頼之派の面々を「蒼蠅《あおばえ》」とみなし、こんな小人どもを相手にするのをやめ、追っぱらって、清風に吹かれながら臥して余生を送らん、という悟った心境がまことにすがすがしい。ときに五十一歳。

サラリーマン時代、出世のためガツガツする連中の、下らぬ策略なんかに遭遇するたびに、この漢詩を朗々と詠ずるのを常とした。気分が爽快になること請け合いである。

第五章　戦国の世

夢幻のごとくなり

93 「日本《にほん》国王」――天皇になろうとした足利義満 ―一三九七年―

室町時代を偲ぶために、京都の金閣寺、正しくは北山鹿苑寺をときどき訪れる。いつも「寺」という文字にだまされまいぞ、と思う。ここは幕府を完成させた足利義満が、応永四年（一三九七）四月に造営着工した北山第の一部、より正確にいえば〝足利法皇〟の院庁のごく一部であったから。三十八歳で義満は剃髪して「花の御所」室町の第を義持にゆずってここに移り、もっぱら裏から天下の政を裁決した。つまり室町時代の政治の中心、あらゆる政令はここから発せられた。それが金閣、決して華美なだけの寺なんかではなかった。

歴史がはじまっていらい、最高の権威として連綿と繋がる「天皇」に、みずからが代わろうとした権力者は日本史上にいなかった。権威と権力は別、そこに日本の特異な国柄があるのである。が、ただひとり意志的に天皇になろうとした男がいたようなのである。それが足利義満であったと思う。晩年に明《みん》の帝王から「日本《にほん》国王」とよばれて大満悦する。彼は皇室にたいしてまったく尊敬の念を持たなかった。ゆえに、中国式に天命によって、自分が天皇になってもおかしくないと考えたらしい。その証拠に金閣寺にあった義満の位牌には「鹿苑院太上天皇尊儀」とあったという。では、なぜ天皇にならなかったのか？

彼の死去は五十一歳、要は早く死にすぎただけなのである。

94「初心忘るべからず」――世阿弥元清の「初心」

一四四三年

室町時代の芸術とは？　謡曲そして能であることは書くまでもない。観阿弥、その子の世阿《ぜあ》弥《み》と、天才がつづいて現れた。妙といえば妙、時代が人を生むとしか言えない。

能役者の世阿弥元清としては、「秘すれば花なり」（『風姿花伝』）も有名であるが、だれもが口にするのは、「初心忘るべからず」か。ほとんどの人が一度や二度、自分に言い聞かせるため、あるいは他者への忠告として、口にしたことがあるのではないか。やりはじめたばかりのころの、謙虚で新鮮な気持を忘れるな、と。

原典の『花鏡』を読むと、

「是非の初心忘るべからず。時々の初心忘るべからず。老後の初心忘るべからず」

という三箇条《さんかじょう》になっている。すなわち、いわゆる初心時代にとどまらず、年盛りを経て老年に及ぶ時々刻々の状況の変化、つねにそのときにふさわしい初心がある、といっているのである。あに若いときのみならんや、というわけ。

道徳的な教訓なんかではなく、要は人間の一生は鍛練あるのみ、現在の水準を維持するためには、華々しい成功の夢よりも、過去の醜悪な拙《つたな》い時代の姿を思い出せ、という忠告なのである。この世阿弥が亡くなったのは嘉吉《かきつ》三年（一四四三）八月八日。享年八十一。

95「都は野辺《のべ》の夕雲雀《ゆうひばり》」——応仁の大乱はじまる

一四六七年

足利義政は自分の弟義視《よしみ》を養子にして、将軍の跡取りにするつもりであった。そこへもうできないと思っていた男子を授かる。義尚《よしひさ》である。こうなると義視との約束なんかどうでもよくなる。このとき、義視を強力に推す者が細川勝元、義尚を推すのが山名宗全で、足利幕府の両実力者が正面から衝突した。これが十一年間もつづく応仁の乱のスタート。すなわち応仁元年（一四六七）五月二十日。義政の妻のわが子可愛《かわい》さの政争が大乱を惹《ひ》き起こしたのである。

で、将軍足利義政の妻・日野富子が日本史きっての悪女とされてしまう。この悪女説の火元は史書『応仁記』で、これのお蔭で、富子が当時としては稀《まれ》にみる社会の動きに対する洞察と現実感覚をもっていた才女と、いくら弁護しても詮《せん》ないこととなる。

しかも理解しがたいことに、将軍義政は細川軍に肩入れし、妻の富子は山名軍に与《くみ》するのである。日本古来の夫唱婦随の美徳はもうこのころから有名無実になっていたらしい。

それにしても戦乱十一年は長すぎた。源平合戦時代と異なり、足軽の集団戦法が編み出され、その上に京都市内が戦場になったので、都はすっかり灰燼《かいじん》に帰した。

「汝《なれ》や知る都は野辺《のべ》の夕雲雀《ゆうひばり》あがるを見ても落つる涙は」

〝読み人知らず〟の一首が示す惨状となったのである。

96「門松《かどまつ》はめいどの旅の一里塚」——一休和尚、大徳寺の住持になる　一四七四年

一休和尚といえば、わが幼少時代に、トンチ小坊主の一休さんとして大人気であった。長じてこの臨済宗の僧を知るにおよんで、その日本人ばなれした風狂ぶりには仰天させられた。

たとえばその一つ。ある年の正月元旦のこと、墓場からドクロを拾ってきて、竹竿《たけざお》の先につけ「ご覧よ、ここにある二つの穴、むかしはここに目があった。それが飛び出てしまって穴になる。目が出た、目が出た、目出たいのう」といいながら京都の町を歩いた。そして商家の門を叩《たた》き、出てきた家人にドクロをにゅう。それで京の商家では元日から三日間は戸を閉ざしておく習慣になったとか。

この話は江戸川柳にも詠まれている。「一休の年玉よほどしゃれたもの」というのであるが、「しゃれ」には「しゃれこうべ」（髑髏《どくろ》）の意が隠されている。

そして、その詩文集『狂雲集』には仰天するくらい奔放な性愛をうたった詩もあるが、ここではいかにも禅師らしい狂歌を。

「門松《かどまつ》はめいどの旅の一里塚　馬かごもなく泊まりやもなし」

この人が晩年に本山の大徳寺の住持となる。風狂の生涯からみればささいなこと。が、大徳寺側からみれば、文明六年（一四七四）二月十六日は特記すべき日となった。

97 「咲き満ちて花より外に色もなし」——銀閣寺の造営　一四八二年

応仁の乱で京都内外は廃墟《はいきょ》と化した。阿鼻叫喚《あびきょうかん》のうちに多勢の人々が死んだ。戦国乱世のはじまりである。が、火が室町の館にかかっても、この人は連日連歌会や酒宴を催し、杯を手から離さなかった。そして「咲き満ちて花より外に色もなし」と、わが世の春を謳歌《おうか》した。将軍足利義政はそんな乱世が嫌でたまらなかったのである。そこで、将軍を辞めると、東山浄土寺山に山荘を造ることにした。文明十四年（一四八二）二月四日に着工と記録にある。そして義政は翌年ここに移って、寂しいその晩年を過ごした。

かれは境内に二層の観音堂の造営をはじめたが、これの完成を見ないで、延徳二年（一四九〇）に亡くなった。足利義満の金閣に対抗して、堂に銀箔《ぎんぱく》を押す計画は実現も見ずに終わったという。それでもいま銀閣寺というわけである。

これらの歴史的事実からは、何となく政治的才覚のない情けない将軍、というイメージしか残らないが、文化面では人並み外れた大才を発揮している。絵を描かせたら玄人なみ。風流の士を集めて和歌・書・連歌・香道をたしなんだ。とくに茶道については第一人者になっている。

こうして〝東山文化〟といって、日本文化史上でも一時代を画する華やかなものを築き上げたのである。人間何が幸いするかわからない。

98 「朝《あした》には紅顔《こうがん》ありて……」——蓮如上人の入滅

—一四九九年—

浄土真宗本願寺中興の祖である蓮如《れんによ》上人は、明応八年（一四九九）三月二十五日に世を去った。享年八十四。

本願寺八世の法主となったとき、かれは衰微の極にあった本願寺の再興のため、門徒教化のために、多くの手紙という形式で法語を書いている。いまに残る「御ふみ」または「御文」、あるいは「御文章」とよばれる消息文。「千のものを百にえり、百のものを十にえり、十のものを一にえりすぐり」、誰にでも理解できるものをつくりたいと考えて書いたものという。

なかでもよく知られるのは「白骨《はっこつ》の御文章」であろう。「それ人間の浮生《ふしょう》なる相をつらつら観ずるにおおよそはかなきものは、この世の始中終。まぼろしのごとくなる一期《いちご》なり」にはじまって、「我やさき、人やさき、きょうともしらず、あすともしらず」と説かれてきて、有名な名言がくる。

「朝《あした》には紅顔《こうがん》ありて、夕《ゆうべ》には白骨となれる身なり」

聞くたびに粛然となる。

ただし、この名言の原典は『和漢朗詠集《わかんろうえいしゅう》』にある。漢文を読み下す。「朝に紅顔あって世路《せいろ》に誇るといえども、暮《ゆうべ》には白骨となって郊原《こうげん》に朽《く》ちぬ」。作者は藤原義孝である。

99 「正路《せいろ》を失うまじく候」——連歌師宗祇の教訓

一五〇二年

松尾芭蕉の紀行文『笈《おい》の小文《こぶみ》』によく知られた言葉がある。「西行の和歌における、宗祇《そうぎ》の連歌における、雪舟の絵における、利休が茶における、其貫道《そのかんどう》する物は一《いつ》なり」

ここに出てくる飯尾《いいお》宗祇《そうぎ》は、自然斎《じねんさい》とも称した連歌師である。名もない庶民出身の人でありながら、遍歴の旅をつづけてその道を窮《きわ》め、そして広めていった先駆的な人。連歌における芭蕉といってもよかろうか。

連歌の引用は不可能ゆえに、『犬筑波集《いぬつくばしゅう》』にある戯句を。詞書には男山八幡宮とある。「鳴けや鹿鳴かずば皮をはぎの坊」。八幡宮には萩の坊という建物がある。その「はぎ」を「剝ぎ」と「萩」にかけている。そして鹿と萩の優雅さを卑俗化している次第。

『吾妻問答《あづまもんどう》』『老《おい》のすさみ』などの著書もある。独りで修行した詩人であるだけに、なかなかにいい言葉を多く残している。

「こころ天に翔《か》けり地に入り候とも、正路《せいろ》を失うまじく候」。人間たるもの何があろうと正しい道を歩み、決して邪道に迷ってはならない。「ただ、道の正道はいずれの所ぞと尋ぬべきなり」。相当なベテランでも常にいずれが正道かを考えつづけなければいかん。早くいえば、うぬぼれ勝手に決めるなかれ、ということ。文亀《ぶんき》二年（一五〇二）七月三十日没。享年八十一。

100「一期《いちご》は夢よ、ただ狂え」――『閑吟集』の粋

一五一八年

前項の連歌のつづきでいえば、永正十五年（一五一八）に成立した『閑吟集《かんぎんしゅう》』という気に入っている歌謡集がある。漢詩集でも和歌集でもなく、中国の古典『詩経』にならって三百十一編の謡《うた》う歌がならんでいる。連歌そのものではないが、その配列の仕方が連歌の妙にならっていることから、編者は連歌師宗長ではないか、といわれている。そういえば宗長の死んだのが一五三二年で、なんとなく符牒《ふちょう》が合っている。なかに出てくるシャレた言葉を。

「ただ人は情けあれ朝顔の花の上なる露の世に」（まったくその通りで、はかない世にあっては人の情けこそ命綱ということよ。そして注意すべきは、この「ただ情けあれ」の訴えかけ。これは室町時代の思潮を象徴する言葉であったこと。いや、いまの日本のように情けなき世ではなおさら「情けあれかし」である）。「何しょうぞ、くすんで、一期《いちご》は夢よ、ただ狂え」（ヤケのやんぱちで、人殺しなどするなかれ）。「思えども思わぬ振りして、しゃっとしておりゃるこそ、底は深けれ」（すべてを承知していながら何も知らないように端然と、背筋をすっくとのばしている、それこそが女性からみた男性の理想像ならん）

こんな風に面白い歌謡集が四百九十年前に作られている。日本人はもともとがイキな民族であったのである。

101 「常に人目を忍び見るべし」——北条早雲の『家訓』 一五一九年

戦国初期の雄、北条早雲の出身は謎《なぞ》とされている。忽然《こつぜん》として現れ北条氏五代の祖となった武将である。友人と「関八州には定まった主人がいない。我らが関東を制して主人になり、天下に旗を挙げようではないか。われら七人の仲間から国主がでたら、他の六人はその家臣になって忠節を尽くそう」と誓いあった。この誓いは伊勢神宮の前で神水を飲んで行われた。

そして早雲がもっとも早く国主となったので、残り六人は約束を守って、早雲に仕えそれぞれ粉骨砕身したという。こんな話を読まされると、早雲はなかなかの人物で、国盗《と》り大名と悪人的には呼びたくなくなる。

彼の制定した家訓『早雲寺殿廿一箇条《かじょう》』や残された言葉なんかには、まことに立派なことが多く書かれている。たとえば、「少しの間あらば、物の本、文字あるものを懐に入れ、常に人目を忍び見るべし」。暇があったら勉強せよ、読書せよ、ただし、人目を忍んでやれ。いかにも早雲らしいではないか。

さらに「人は、影の勤めこそ、肝要なれ」という言葉もよく知られている。だれも見ていない影の場所で、むしろ誠実をつくせ。なかなかに含蓄のある教えといえる。没したのが永正十六年（一五一九）八月十五日。

102 「いずくかついの住家《すみか》なりけん」――斎藤道三の遺言状　一五五六年

卑賤から身を起こした戦国の梟雄《きょうゆう》・松波庄九郎こと斎藤道三《さいとうどうさん》は、下剋上の戦国乱世を徹底した合理主義で見事に生き抜き、暗愚な主君を殺し、ついに美濃の国主にまで出世した。戦争上手で、「蝮《まむし》の道三」とまでいわれ恐れられたが、さすがに年老いた。義理の息子の義龍《よしたつ》から父の仇《あだ》として攻められたとき、命運の尽きたことを覚悟せざるをえなくなる。そこで、娘婿の織田信長に美濃一国を譲るとの遺言状を記した。

「一筆、涙ばかり。よしそれも夢。斎藤山城、いたって法花妙諦《みょうてい》のうち、生老病死の苦をば修羅《しゅら》場《ば》にいて仏果をうる。うたしいかな。すでに明日一戦におよび、五体不具の成仏、うたがいあるべからず。げにや捨てたるこの世のはかなきものを、いずくかついの住家《すみか》なりけん」

明日の一戦で間違いなく戦死するであろう。それにしてもまことに、命を捨ててしまえば、この世以外に来世もないであろうに、いったい人間の最後の棲家《すみか》はどこにあるのであろうか。なんとも蝮の道三にしては神妙であり抹香《まっこう》くさい言葉ではないか。日付は弘治二年（一五五六）四月十九日とある。戦死は翌二十日。

坂口安吾の書く蝮の最期、「敵の本隊が河を渡ってウンカのように突撃し、黒雲のような敵の中で道三はズタズタに斬られていた」。左様、こんな豪華な死に方であったろう。

103「人間五十年、夢幻《ゆめまぼろし》のごとくなり」——桶狭間合戦の朝

一五六〇年

この奇襲攻撃の話となれば、文句なし。だれもがこの名言を思い出す。

「人間五十年、下天の内をくらぶれば夢幻《ゆめまぼろし》のごとくなり。一度生を受け滅せぬ者の有るべきか。是《これ》を菩提《ぼだい》の種と思い定めざらんは口惜しかりし次第ぞ」

幸若舞曲「敦盛《あつもり》」である。ときに永禄《えいろく》三年（一五六〇）五月十九日、二万五千の今川義元軍の来襲の報告を、清洲城にあって織田信長は聞いた。自分の手勢は約二千。衆寡敵《しゅうかてき》せずとはまさにこのことである。しかし、信長少しも騒がず、この舞曲を朗々と謡い、ひとさし舞った。そして「螺《ほら》ふけ、具足《ぐそく》をよこせと、仰せられ、御物具めされ、立ちながら御食《みけ》を参り、御甲《よろい》をめし候て、御出陣なさる」。まことに颯爽《さっそう》としている。

このとき戦場となった桶狭間《おけはざま》には豪雨と疾風が襲った。信長軍の攻撃は文字通り「奇襲」となった。

天下の覇権をにぎりながらたちまちに散った信長の生涯。それを考えると、あまりにもぴったりの名文句。謡いつつ信長はおのれの運命を予見していたのかも知れない。

ついでに「下天」の講釈を。数ある仏教の天界の最下層の天、それが下天である。ここでの一昼夜は、人間世界の五十年に相当する。そう思えば五十年も夢幻というわけ。

104「生は生、死は死」――川中島合戦

一五六一年

川中島合戦は、武田信玄・上杉謙信の一騎打ちをクライマックスとする合戦譚《かっせんたん》として有名である。それを拙著『徹底分析・川中島合戦』（PHP文庫）で、この合戦の話はほとんどが眉唾《まゆつば》である、と喝破《かっぱ》したら、えらく評判が悪かった。やっぱり戦国の華として頼山陽の「鞭声《べんせい》粛々《しゅくしゅく》夜河を渡る」であり、児玉花外の詩どおりに「いずくにありや信玄は、越後の法師謙信が一太刀まいる切れ味を」とやったほうがよろしい。

それにしても凄《すさ》まじい戦である。武田軍の死傷者一万七千五百、上杉軍のそれは九千四百におよぶ。どっちが勝ったのか、については昔から喧々囂々《けんけんごうごう》。

が、越後にゆかりのあるわたくしは、勝手ながら上杉の勝ちと決めている。何といったって主将謙信の人となりが心地よい。人間的な潔さが、たまらなくいい。

「われは毫《ごう》も天下に望みなし。ただ機に臨みて戦うのみ、これわが分なり。生は生、死は死、これわが守る所なり」

この合戦のあったのが永禄四年（一五六一）九月十日である。折から川中島一帯は川霧につつまれていた。信濃の人は「羽衣の靄《もや》」と、美しい名で呼んだ。忠臣蔵は雪、川中島は霧、こうじゃなくては張り扇に力がこもらない。

105 「敵に塩を送る」——上杉謙信の美挙

一五六六年

武田信玄と上杉謙信とくると、もう一と節、講談調でやりたくなってくる。戦国時代はこの両将があってはじめて幕が開く。どうしても何べんも登場することになる。

これまた、いくらかは眉唾《まゆつば》なんじゃないか、と思えるが、江戸中期、将軍吉宗の時代に書かれた歴史随筆集『常山紀談《じょうざんきだん》』（湯浅元禎著）にはっきりと書かれている。

永禄九年（一五六六）一月、北条氏康と今川氏真《うじざね》の連合軍は武田信玄軍を包囲した。このため自給不能の甲斐の人々は塩を断たれ、ただ困窮するばかり。武田を潰《つぶ》すいいチャンスと、氏康は上杉謙信に是非にも味方になるようにと誘った。ところが、

「信玄と敵対するのはあくまで戦場でのこと。塩責めなど武士のとるべきことではない。ましてや、その苦しみは良民にも及ぶにおいてをや。良民をいたずらに苦しめるのは武士の本意にあらず」

と謙信は拒絶した。それどころか、かえって越後から甲斐へ塩を送り届けたという。『常山紀談』も大いに賞揚して書いている。

その塩が信玄領に到着したのがこの年の一月三十一日。この日付は『北条記』という少々あてにならない書物に書かれている。それにしても「敵に塩を送る」とは、いい言葉である。

106「虚脱たるべし」——姉川の合戦

一五七〇年

桶狭間《おけはざま》の合戦からちょうど十年後の元亀《げんき》元年（一五七〇）六月二十八日に、姉川の合戦が起きている。織田信長が徳川家康と組んで、朝倉義景と浅井長政の連合軍を、琵琶湖の北の姉川付近で撃破した。ただし完勝というわけにはいかなかった。最近刊行の『長浜市史』には死傷者の数をこう記している。「浅井・朝倉方は九六〇〇人、織田方五〇〇〇人といわれる……」

信長にすれば、長政は妹お市の方を夫人とする義弟である。それが敵対するとは思ってもいない。愕然《がくぜん》としてその報告を受けた。『信長公記《しんちょうこうき》』には「虚脱たるべし」とある。全身の力が抜け落ちた。それだけに信長の長政に対する憎悪は強烈になったが、それにしてもなぜ長政が敵対する気を起こしたか。時の流れが読めないにも程《ほど》がある。

実は、長政の父の久政の言葉が残っている。

「信長は姻戚《いんせき》であるが、信頼できぬ。朝倉には旧誼《きゅうぎ》がある。この際、信長にそむいても、朝倉を助けねばならない」

理性よりも情である。長政はこの父の言葉に従っただけ。要するに、「社長職を譲られた坊っちゃんが、時代が変わりつつあるのを知りながら、会長のいうなりになった」と松本清張は評している。そんなところかもしれない。

107 「三本の矢」——毛利元就の教訓

一五七一年

作家海音寺潮五郎は「マキャベリズムに実直の衣をかけることのできた人」とくさしているように、謀略がすこぶる得意の戦国武将であった。それはともかく、戦前の教育を受けた人なら、毛利《もうり》元就《もとなり》とくれば、修身の教科書にあった「三本の矢」のエピソードということになる。臨終の床で、三人の子供に各々一本の矢を与えてこれを折らせる。つぎに三本の矢を束ねて、「さあ、折ってみよ」という。これはだれにも折れなかった。そこで教訓、

「いいか、一本ならすぐ折れるが、三本を一緒にすれば折れにくい。そこだ、お前たち三人は三本の矢となれ。兄弟三人が力を合わせれば、毛利の家は末代までも安泰であるぞ。かならず背いてはならぬぞ」

これは現在では創作ということになっている。

でも、まったくの作り話というわけではなかった。元亀《げんき》二年（一五七一）六月十四日、元就が死に臨んで残した言葉がある。そこからこの話はでているらしい。

「毛利家は中国、吉川《きつかわ》家は山陰、小早川家は二筑豊前をよく治め、三家は鼎《かなえ》の足のように手をにぎってゆかねばならない」

でも、死の床でも、領土の心配をしなければならないなんて、かなり気の毒な教訓である。

108 「人は城、人は石垣、人は堀」――武田信玄、戦陣に没す ―一五七三年―

元亀四年（一五七三）四月十二日、信州駒場《こまんば》（下伊那郡）で、武田信玄は肺肝を患って死んだ。享年五十二。これを聞いた徳川家康はしみじみと語った。

「近き世で、信玄ほど弓矢の道に熟達した武将を見たことはない。その死はほんとうに惜しむべきことで、喜ぶべきことではない」

上杉謙信もまた、「わが国の弓矢はこれより衰えんか」と痛哭して、使者を遣わして好敵手の死を心から弔った。

あらゆる仇敵《きゅうてき》に惜しまれるほど、信玄という戦国武将が傑出していたのは確かである。残念であったのは、甲斐という京都から遠い国に生を受けたこと、そして少し早く生まれすぎたことであろうか。戦場における名将であったばかりではなく、治水工事や金山の開発など内政にも長じていた。そして、名言となれば、『甲陽軍鑑《こうようぐんかん》』にある。

「人は城、人は石垣、人は堀、情けは味方、讎《あだ》は敵なり」

いまは流行歌の文句にもなっている。

その意は、仲間を信頼せよ、の一語に尽きる。堅固な城を築き、石垣や堀を頼りにするよりも、頼むべきは部下である。人である。現代の経営者や管理者のもって銘ずべき言葉である。

109「犬に説教してもはじまらぬ」——長篠の合戦

一五七五年

武田勝頼は、全軍に突撃を命じた。戦国最強の騎馬軍団二万五千は、遮二無二《しゃにむに》突っこんでいった。織田信長・徳川家康の連合軍は三万五千、乾堀を掘り、柵《さく》を構築して、鉄砲隊三千を三隊に分けて配置し迎え撃った。天正三年（一五七五）五月二十一日未明からはじまった戦いは、午後二時には終わっていた。武田軍は信玄いらいの名将が相ついで戦死、討ち死にしたものは一万を超える。

この長篠の合戦は、鉄砲の連続斉射が騎馬軍団を制したという意味から、戦国史のターニング・ポイントと言われている。最近になって、かならずしも鉄砲が勝因のすべてではない、という説も出ているが。

一説に勝頼はフェミニストで、とても猛々しい合戦には向かない男であったという。十八歳で正夫人を失い、いらい三十歳まで正室なしで一切の忠言も聞かず、無名の愛人をこよなく愛しつづけた。戦国にあっては変人にして腰抜けと見られても仕様がなかったらしい。

このとき戦死した山県昌景の言葉を好んでいる。戦うべきにあらず、と力説する昌景に勝頼が「いくつになっても命は惜しいものらしいな」といった。これに老将が答えていった。

「犬に説教してもはじまらぬ。喜んで討ち死にいたそうではないか」

110 「平蜘蛛《ひらぐも》の釜《かま》とおれの首を与えぬ」——松永久秀の悪業

一五七七年

下剋上《げこくじょう》という言葉がある。身分の低いものが権勢を欲し、強引に上位のものにとって代わることをいう。その代表的人物とされているのが、戦国武将の松永久秀。その悪業は主君三好長慶の死後に三好家を乗っ取ったこと。将軍足利義輝を攻めて自殺に追い込んだこと。東大寺の大仏殿を焼き払ったこと。織田信長にいわせると「人になしがたき悪業三つ」という。なるほど、あまりにも後世を恐れざる堂々たる悪業といえる。

その久秀が信長に叛旗《はんき》をひるがえしたのが天正五年（一五七七）。逆に信長勢に攻められて、十月十日に籠城《ろうじょう》した信貴山城《しぎさんじょう》で自刃、六十八歳の生涯を終える。

「たとえわれ討死いたそうとも、この平蜘蛛《ひらぐも》の釜《かま》とおれの首の二つは、やわか信長に見させるものかは」

その最期のときの言葉がこれ。平蜘蛛とは天下第一といわれていた茶釜で、信長にどんなに所望されても譲らなかったもの。それでこの釜と自分の首を鎖で結び、火薬に火を転じて微塵《みじん》に砕け散った。ここまで徹底されると、さすがは久秀と言いたくなってくる。

と、褒めてはみたが、領国の百姓たちがその死を聞いて、鍋・釜・茶碗の類まで売り払い「目出たい目出たい」と踊りまくったという話を知ると、やはり首を傾《かし》げてしまう。

111 「われに七難八苦を与え給え」——山中鹿之助の戦死 ——一五七八年——

戦国時代の武将の山中鹿之助（鹿介）といえば、戦前の教科書にあった、「この日から山中鹿之助を名乗り、心にかたく主家を興すことを誓った。そして山の端にかかる三日月を仰いでは、願わくば、われに七難八苦を与え給え」と、三日月に祈った名文句がまっさきに思い浮かぶ。易きにつくのが人間の常なのに、鹿之助は苦難を与えて下さいと祈る。馬鹿《ばか》じゃないかと思い、悪ガキのこっちは神や仏に「われに七遊八楽を与え給え」と祈ったものである。

のちに知った。彼の生涯はまさに苦難の連続で、毛利の軍門にくだった主家の尼子《あまこ》氏再興のために、全エネルギーをささげて戦いぬく。いやはや、今の世にはまったく見られない律儀なモウレツ社員、挫《くじ》けることのない闘志の持ち主であったと。

でも、彼の名言となれば、「兵の利は多きにあらず、ただ死を決するにあるのみ」これがいい。人間の強さというものは死ぬことを決するかどうかにつきる。

天正六年（一五七八）七月十七日、鹿之助は捕らえられて、阿井の渡しで斬殺《ざんさつ》された。享年三十四。負傷していたために、十分に働けなかったという。捕まったのも、せめて敵大将の一人を斬《き》って積年の恨みを晴らすためであった。最後まで闘志を燃やしていた。

112「心頭《しんとう》を滅却《めっきゃく》すれば火も自《おのずか》ら涼し」——恵林寺の炎上

一五八二年

天正十年（一五八二）三月十一日、名門の武田家が滅亡した。二度目の夫人の最後の歌が泣かせる。「黒髪のみだれたる世ぞはてしなき思ひにきゆる露の玉の緒」

この武田家の滅亡の折、同盟国であった近江の太守《たいしゅ》の佐々木承禎《ささきじょうてい》は、甲斐の恵林寺《えりんじ》に名僧快《かい》川紹喜《せんじょうき》を頼って落ちのびてきた。快川は喜んでかくまった。このことを聞いた織田信長は佐々木の引渡しを迫るが応ぜず、快川は佐々木を北国に逃がす。これを知った信長は烈火のごとくに怒り、恵林寺の焼き払いを諸将に命ずる事態となった。

こうして天正十年四月三日、武田信玄が苦心して造営した七堂伽藍《しちどうがらん》すべてが焼き尽くされた。快川をはじめ寺内の僧八十四人が焼死する。快川は火焔《かえん》の中に不動明王のごとくに端座し経を読み、死に臨んで一喝した。

「安禅《あんぜん》必ずしも山水を須《もち》いず　心頭《しんとう》を滅却《めっきゃく》すれば火も自《おのずか》ら涼し」

もとは中国宋代の仏典『碧巌録《へきがんろく》』にある文言であるが、快川の死によってこの語は永遠の名言となる。日本人は好んでこれを口にする。わたくしなんかも、少年時代から怠け心がもたげてきたとき、火もまた涼し、なんてよく自分を叱咤《しった》激励してきたものである。ただし、いくら唱えても眠いときは眠いから、やはり早々と蒲団にもぐった。

一五八二年

113「敵は本能寺にあり」――本能寺の変

明智光秀の軍勢一万三千は暗闇《くらやみ》の道を京都へ向かって進んでいた。討ち果たすべき敵が誰《だれ》なのか、誰ひとりとして知らない。明け方近く、軍は京都への入り口、沓掛《くつかけ》につく。そこで小憩して、兵糧《ひょうろう》をつかう。いざ、発進というとき、光秀が高らかに叫んだという。

「敵は本能寺にあり」

つづいて武将のひとりが「皆のもの、聞け。今日より殿は天下様になられる。勇み、よろこべ。者どもよ、しっかり働けよ」といい、将兵たちは武者震いに身を打ち震わせた。ときに天正十年（一五八二）六月二日の夜明けである。

このとき「水に桔梗の旗印、惟任《これとう》日向守に候」と知らされ、信長が放った言葉もいい。

「何、キンカ頭か。是非に及ばず」

この織田信長殺害の本能寺の変における、光秀謀叛《むほん》の理由については、いまだに定説はない。信長に対する怨恨《えんこん》説、前途不安説、天下取りの野望説、裏切りがばれたための攻勢防御説など、いろいろあっても、どれも十分な論拠と説得力を持ちえない。

わたくしは、そうした個人的事情より、朝廷と結んで〝信長の恐怖政治からの解放者〟たらんとした、とみているが……。

114 「洞《ほら》ヶ《が》峠《とうげ》」——筒井順慶の汚名

一五八二年

大槻文彦の『大言海』によれば、こうである。

「洞峠《ほらがとうげ》——天正十年（一五八二）、羽柴秀吉と明智光秀との山崎の戦に、筒井順慶、河内国の洞ガ峠（山城、河内二国の境にある山）に陣して、勝敗を観望せしより起る。向背を決せんため、形勢を観望すること。ひよりみ」

秀吉対光秀の、織田信長亡きあとの天下取りの合戦は六月十三日。それを目前にして六月十一日に筒井順慶は洞ヶ峠に布陣している。そして織田・明智両軍からは矢のような催促を受けていた。が、どちらに味方するとも態度を決することなく、ヨタヨタしていた。そして合戦の終わった十五日になって、のろのろと城を出て秀吉軍に加わった。

というわけで、筒井順慶どのは千載に情けない汚名を残すことになる。事実は、洞ヶ峠には出向かず自城である大和・郡山に籠もり、光秀から味方につくようにと強く誘われたが、ついに動かなかったのである。つまり日和見していた節は歴然。でも、外にもオポチュニストはたくさんいたのであるがなあ。気の毒といえばいえる。

ついでに、辞世の「根は枯れじ筒井の水の清ければ心の杉の葉は浮《うか》ぶとも」には、悪評にたいする若干の抗議めいた点もあるようである。

115「後学《こうがく》につかまつり候え」——賤ヶ嶽の合戦

—一五八三年—

賤ヶ嶽《しずがたけ》の七本槍といえば、加藤清正《きよまさ》、加藤嘉明《よしあき》、福島正則《まさのり》、片桐且元《かたぎりかつもと》、脇坂安治《わきさかやすはる》、平野長泰《ながやす》、糟屋武則《かすやたけのり》の七人の猛将のこと。昨今は知っていても何ということもないけれど、こうした講談的な知識は、わが少年時代には、餓鬼大将たるの資格として必要なことであった。それでむかし覚えたことを書いてみた。呵々《かか》。

天正十一年（一五八三）四月二十一日、琵琶湖の北の賤ヶ嶽で戦われた合戦で、豊臣秀吉軍は柴田勝家軍を撃破した。このときの勝利によって、信長亡きあとの秀吉の天下が確定したのである。勝家は敗れて越前北ノ庄城まで逃げ帰ったが、たちまち秀吉軍に包囲される。二十三日、もはやこれまでと覚悟した勝家は、夫人のお市の方や家臣を天守閣に集め、別れの酒宴をひらく。そのあとお市と前夫浅井長政との間にできた三人の娘を脱出させる。腹を切って死んだのは翌日である。勝家はいった。

「わが腹の切りよう見申し候て、後学《こうがく》につかまつり候え」

何から何まで行き届いたあっぱれな武将の最期であった。

ついでに、お市の方の辞世の歌を。

「ふけぬだにうちぬるほどの夏の夜の別れをさそふほととぎすかな」

116「三尺下がって師の影を踏まず」──『北条氏直時代諺留』のこと　一五九〇年

すでに三ヵ月も包囲されている。攻め方の豊臣秀吉は武力攻撃を避けて、ひたすら分裂工作に意をそそぐ。守る側の北条氏直はどうすべきか決断もならず、重臣たちを集めて連日の会議につぐ会議。まこと民主的な武将といえば格好がいいが、結局は降伏ということになり、名門北条氏は消える。天正十八年（一五九〇）七月五日のこと。そして歴史には、およそ無駄なことを意味する「小田原評定《おだわらひょうじょう》」という名文句を残した。

その情けない氏直なんであるが、彼が集めたともいわれる天正時代のことわざ集がその後の日本国に大いに役立った。ついこの間まで、五十代以上の人々が口にしたところの「三尺下がって師の影を踏まず」もその一つ。

もともとは中国の唐代の仏典にある言葉だそうな。原義の「師」は宗教的な師のことなのであるが、日本ではもっぱら「目上の人」または「恩師」の意で使った。それでこそ、いわゆる「タテ社会」の名言中の名言となったわけである。「長幼序あり」なんて言葉もなくなり、下剋上お構いなしのいまは「何をモウロクしたことを、おっさん、言うのかよ」と馬鹿にされそうである。シルバー・シートでふんぞり返って席なんか譲るもんかと狸寝入りをしている若者を見るたびに、この金言を懐かしく思い出している。

117 「絶景《ぜっけい》かな、絶景かな」――石川五右衛門の処刑

一五九四年

石川五右衛門といえば、要するに安土桃山時代の単なる盗賊の頭目、なんであるが、江戸時代の浄瑠璃や歌舞伎芝居においては、豊臣政権に反発する義賊ということになっている。その上に天下国家の転覆を狙うスケールの大きな悪人にまで、株が上がっている。このために舞台では、五右衛門像の面白さを強調するために、「からくり」や「ケレン」を駆使した奔放な演出がほどこされて、盗賊が魅力的な人間になっている。

「絶景《ぜっけい》かな、絶景かな、春の眺めは価千金《あたいせんきん》とは小せえ、小せえ。この五右衛門には価万両。もはや日も西山に傾き、まことに夕暮《ゆうぐれ》に花の盛りも又《また》一しお、ハテ、麗《うらら》かな、眺めじゃなァ」

この『山門』の名セリフ。満開の桜のなかにぽっかりと極彩色の山門がせり上がってくる壮観さ。歌舞伎芝居の最高の美がある。

それで「絶景かな」が昔は流行った。小学生のころ、後頭部がストンと落ちた先生に、「絶壁かな、絶壁かな」とやって皆でひそかに腹をかかえたりしたものであった。中学校の入学試験に合格したとき、「ハテ、麗かな、眺めじゃなァ」という気分も味わった。

お蔭で永遠のヒーローとなった五右衛門は文禄三年(一五九四)八月二十三日、郎党もろとも京都三条河原で極刑に処せられた。ただし、世にいう釜《かま》ゆでは嘘《うそ》ッ話らしい。

118「日本の王たり」——秀吉、明との和議決裂

一五九六年

朝鮮半島出兵の文禄の役のあと、明の使節がやっと日本にやってきた。豊臣秀吉の悪化する健康を気づかう側近たちは、適当な条件で早急に明との講和を結ぶべきことを進言していた。ところが、秀吉はさきに提出してあった和議の条件が達成されることを望み、その進言を聞こうともしなかった。しかも、明の国書にある「汝《なんじ》を封じて日本国王となす」の文言に怒りをあらわにした。

「大明《だいみん》よりわれを日本の国王に封ずべしというは、ごんごどうだんの曲事《くせごと》なり。われ自ら日本の王たり、かれ何ぞわれをゆるさんや。……小西（行長）めよびだせ、くびをはぬべしとののしりぬ」

うむを言わさずに、使者の首を斬《き》ってしまえ。そう小西に命じた。

日本の古文書にある秀吉の激怒ぶりである。大国の明に「国王」と言われたのだから、いやいや、私めは関白にすぎず、国王じゃございません、と身のほどを弁《わきま》えれば何のことはなかった。増長していたと評するほかはない。文禄五年（一五九六）九月一日。かくてまた、日本の歴史に「侵略」の二字をいまなお残す朝鮮半島への出兵を号令し、翌年正月には日本軍が大挙して海を渡る。独裁者のつまらぬ見栄《みえ》の起こした阿呆《あほう》な決定であった。後世は大迷惑している。

119「返々《かえすがえす》秀より事、たのみ申候」——豊臣秀吉の哀れな遺書

一五九八年

また秀吉か、と思わないでほしい。慶長三年（一五九八）八月十八日は、豊臣秀吉の命日である。享年六十二。

さて、いまや天下人として怖いものなどなくなった秀吉であるが、不幸は農民から成り上がったために、豊臣政権を護持すべき譜代の家臣団がないことであった。そこで、いよいよとなると、心にかかるのは自分の死後のことばかり。とくに数え六歳の秀頼のこと。そこで頼むは五大老（徳川家康、前田利家、毛利輝元、上杉景勝、宇喜多秀家）と五奉行（石田三成、浅野長政、増田長盛、前田玄以、長束正家）。この人びとに遺書を書き、後事を託さざるをえなくなる。

秀頼の事、くれぐれもよろしく。

「此《この》ほかは、おもいのこす事なく候。返々《かえすがえす》秀より事、たのみ申候」

こんな哀れな文言を読むと、天下人になんかなりたくないものよ、という気にさせられる。それと人間の耄碌《もうろく》というやつ、地位とか肩書とか財産とか、外からの付加物と関係ないものであり、始末に負えないものである、といういまさらながらのきびしい真理にぶちあたる。ただし、秀吉の辞世のほうはまあまあよろしい。

「つゆとおちつゆときえにしわがみかな　なにわの事もゆめの又《また》ゆめ」

120「本意を達せんと思うゆえ」――関ヶ原合戦と石田三成

一六〇〇年

慶長五年（一六〇〇）九月十五日は、天下分け目の関ヶ原合戦の日。徳川家康が率いる東軍は十万八千、たいする毛利輝元を総大将に石田三成が中心となった西軍は八万五千。戦うこと八時間の大激闘を、関ヶ原周辺で繰り広げた。合戦の経緯については、小説や映画やテレビや講談で、さんざんに紹介されているから略す。西軍の圧勝に終わるはずが、小早川秀秋の寝返りでいっぺんにひっくり返った。日本人の嫌う〝裏切り〟ということが勝敗を決したので、歴史の方向を変えてしまったこの合戦は、あまり人気がない。

それに官僚的な三成も人気がない。が、企業でいえば秘書課長くらいの男が、天下の覇権を争うに足る軍事力を組織したのであるから相当な人物と考える。少しは見直されて然るべきか。敗軍の将となり斬《き》られる直前の彼の言葉がいい。のどの渇きをとめる為《ため》に所望した白湯《さゆ》がない。兵卒が干し柿《がき》をすすめると体に悪いといって断る。処刑される身で体を気遣うとは、と兵卒が笑うと、三成はいった。

「命を惜しむは、何とぞ本意を達せんと思うゆえなり」

本意とは何か。家康を倒すこと。それが叶うまでは生命のあるかぎりねばる。万事にさっぱりしすぎている民族としては、これくらいの執念深さ、学ぶべきことかも知れない。

121「一大事の所不足なり」――いさぎよい大谷吉継

一六〇〇年

前項の「天下分け目」の関ヶ原合戦のつづきを書く。戦国最大の合戦といわれるが、これほど日和見《ひよりみ》、裏切り、体裁《ていさい》上の出陣、屁《へ》っぴり腰、その他の権謀術数《けんぼうじゅつすう》の限りがつくされた戦いはない。景気づけはいいが、中身はあまり面白いものではない。

ただ大谷刑部少輔吉継（のち吉隆）のいさぎよさだけは一等光っている。吉継はもともと石田三成の挙兵に反対であった。三成よ、おぬしは文官としては天下一品、されど武官としては二流である、と吉継は三成を頭からやっつけ、

「貴殿才覚余れども、一大事の所不足なり」

と忠告する。三成は一大事の所とは何かと問う。吉継はそれは「心よ」と答え、合戦で、人間が金銀で動くなどと思ったら大間違い。大将の人望や能力で人は動く、おぬしにはそれが足らん、という。さらに、必ず死ぬと覚悟すれば生き、生き残ろうと思えば必ず死ぬもの、いいか、死のうと思え、と付け加えた。こうして一旦は訣別したものの、三成の懇願と長年の友情に負けて、ついに西軍に加担する。

戦場での大谷軍の奮戦はあっぱれの一語につきた。「士卒みな吉継の恵になつき」玉砕《ぎょくさい》する。吉継は家臣に「介錯《かいしゃく》して、わが首を敵方に渡すな」といい腹十文字にかき切った。享年四十二。

122「身に刀を立てぬ宗旨ゆえ」――小西行長の悲痛な覚悟　一六〇〇年

関ヶ原合戦の敗将である石田三成、小西行長、安国寺恵瓊《えけい》は、慶長五年（一六〇〇）十月一日に京都は六条河原で斬首《ざんしゅ》された。石田の処刑される寸前の言葉はすでに紹介した。あとの二人の最期の言葉は伝わっていない。しかし、安国寺は「言いおくべきことなし」とだけ言って、あとは無言で押し通したようであるが、小西には死の少し前に洩《も》らしたという立派な言葉が残されている。それは三人の敗軍の将に気候の変わり目で寒かろうというので、一かさねの小袖《こそで》が渡されたときのことである。

「一時の寒風を逃れよと小袖を下され、かたじけない。それにつけても、人々に対面するのは面目ないが、身に刀を立てぬ宗旨ゆえ、こんな見苦しい目にあう」

また、捕まるときにこうも言った。「キリシタン信者は自害せぬものよ」と。

この一事でこの戦国武将が骨の髄からの信仰者であったことがよくわかる。作家の坂口安吾にいわせれば「実にジミで衒気《げんき》なく、痛快な外交官」でもあったらしい人。と、安吾がいうのも、第一回朝鮮出兵（文禄の役）の際の行長の粘り強い休戦交渉ぶりを讃えてのこと。堺の商人出身ゆえ、ふつうの戦国武将とは違う一風変わった世界観をもっていたのであろう。何となく惜しい人を早く殺したような気にさせせられる。享年不詳。

123「まめで四角で柔らかく」——曾呂利新左衛門の頓知

一六〇三年

ほとんど伝説的な人物といっていい。晩年の豊臣秀吉に仕え、その頓知《とんち》頓才《とんさい》で大いに秀吉をやりこめ、喜ばせる話が言い伝えられている。姓を曾呂利《そろり》というのは、そもそもが上手な鞘師《さやし》で細工が妙を極め、刀がソロリと入るところからつけられたという。堺の出身で、本名は杉本、名は甚左衛門（あるいは嘉右衛門）とも伝えられている。

とにかく講談や物語で有名であるが、実伝はさっぱり、という御仁である。ただし手紙が二、三通残っている。それと確かなのは、話が巧みなので秀吉の御伽衆《おとぎしゅう》に加えられていたという事実だけ。そして一説に、慶長八年（一六〇三）九月二十二日に没したという。生前に秀吉が見舞って、ついでに死後の願いを尋ねたところ、新左衛門はこう答えた。

「御威光で、三千世界手に入らば、極楽浄土我にたまはれ」

それともう一つ、秀吉にどうしてそんなに可愛《かわい》がられるのか、という問いに答えた歌もいい。

「人はただ、まめで四角で柔らかく、豆腐のように変わらぬがよし」

こんな話の大方は安楽庵策伝『曾呂利狂歌咄』にでている。そこから曾呂利も実は落語の元祖といわれる策伝その人ならんか、という説もある。つまり彼の頓知頓才はすべて策伝の創作によるもの。そっちの方を信じたくなる。

124 「我事において後悔せず」——巌流島の決闘

一六一二年

「巌流は、頭上の長剣で、大きく宙を斬《き》った。その切っ先から、敵の武蔵が額を締めていた柿色《かきいろ》の手拭《てぬぐい》が、二つに断《き》れて、ぱらっと飛んだ」

吉川英治『宮本武蔵』の、巌流島《がんりゅうじま》の決闘の名場面である。宮本武蔵対佐々木小次郎の、この決闘は慶長十七年（一六一二）四月十三日に関門海峡の巌流島（むかしは船島とも向島とも言った）で、実際に行われた。いまは北九州市小倉郊外の、海峡を見下ろすすばらしい眺めの手向《たむけ》山に武蔵と小次郎の碑が仲良く建ち、この日に武蔵・小次郎祭が賑《にぎ》やかに行われている。あの世の両雄はびっくりしているかも知れない。

「いずれの道にも、わかれをかなしまず」「世々の道に背くことなし」などと、『五輪書』『独行道』などの著書で名言を数々残している武蔵であるが、なかでも有名なのは、

「我事において後悔せず」

これを「われ事において」と読んで、自分のした一つ一つのことには後悔しない、と解する人が多く、狭小な理解じゃないかと考えているが、今回は余計な議論はやめる。いずれにせよ後悔は未来へのバネにはならないのである。人を奮い立たせてくれない。反省するのはいいが、後悔はほどほどがよかろうか。

125 「武士の本意《ほい》にあらず」——後藤又兵衛のサムライ魂

一六一五年

後藤又兵衛といえば、大仏次郎《おさらぎじろう》の小説『乞食大将』がすぐに思い出されてくる。戦場にては無類の豪傑、日常は折り目正しい武士。黒田家を去ってよりは、結局はだれにも仕えず流浪の旅。豊臣秀頼の挙兵に応じて大坂入城し冬の陣で猛勇を振るう。

夏の陣を前に、家康は「播磨の国を与えるから徳川方につけ」と誘ったがこれを拒絶する。このときの又兵衛の言葉がすばらしくいい。「身に余る有りがたいことであり、お受けしたい気は山々ですが」と前置きして、ズバリと言う。

「東方お手弱ならば兎《と》も角《かく》もなれど、朝日の出る御勢い、大坂は落城十日二十日に過ぐべからず、此節《このせつ》に臨みて心替り致さんこと武士の本意《ほい》にあらず、その上去年より大坂の扶持《ふち》を得て別心は罷《まか》りならざる間、この段は御免《おゆる》し賜るべし」

日の出の勢いの徳川にたいして、豊臣は滅ぶに決まっている情けなさ。それで心変わりしたんでは、武士の看板を下ろさにゃならぬ。お主のような狸には分からんだろう、とは見事な啖呵。結果は、又兵衛は大坂落城とともに、サムライの一分《いちぶん》を立てて戦死する。時に慶長二十年(一六一五)五月六日。金にころび、地位にころび、女にころび……戦後日本はこの一分を立てる精神を失ってすでに久しい。

126「日本国を半分賜《たまわ》るとも」――真田幸村の心意気

【一六一五年】

前項につづいてもういっぺん大坂夏の陣の話。徳川家康は後藤又兵衛も誘ったが、誘引の本命は真田幸村である。始めは三万石、引き上げて十万石をやるから東軍につけ、と誘う。幸村が頑として拒絶すると、今度は条件をぐんとあげて「信濃一国でどうか」の大盤振る舞い。そのときの幸村の返事がものすごくいい。この心意気！　男とは常にかくありたい。

「一旦の約の重きことを存じて較《くら》ぶれば、信濃一国は申すに及ばず、日本国を半分賜《たまわ》るとも（わが決心）ひるがえし難し」

男の約束は重たいんだよ、日本国の半分くれたってだめなんだ、とはずいぶんと皮肉な言い方で、大御所の家康をまったく歯牙《しが》にもかけていない。

そして慶長二十年（一六一五）五月七日、幸村は「さだめなき浮世にて候えば、一日さきは知らざることに候」と書き残し、彼を先頭に真田勢は徳川勢に突入する。徳川の本陣を示す「厭離穢土欣求浄土《おんりえどごんぐじょうど》」の旗も倒れ、家康自身が自害を考えたほどの猛攻であったという。謀略を使ってまでして味方にしたかった理由がわかる。

江戸川柳はこの心意気にすこぶる同感している。「幸村は生きる気のない紋どころ」。真田の六文銭の紋どころは、まさに三途《さんず》の川の渡し銭なんである。

一六一六年

127「重荷を負うて遠き道をゆく」——さらば、徳川家康公よ

『東照公遺訓』という徳川家康の処世訓がある。原本がないので、後世の人がまとめたもの、と疑われている。されど、なかなかにいいことが書かれている。

「人の一生は重荷を負うて遠き道をゆくがごとし。急ぐべからず。不自由を常とおもえば不足なし。こころに欲おこらば、困窮したる時を思い出すべし。堪忍は無事長久の基、いかりは敵とおもえ。勝つ事ばかり知って、まける事をしらざれば、害その身にいたる。おのれを責めて人をせむるな。及ばざるは過ぎたるよりまされり」

慶長八年正月十五日と日付があって、歌が一首ついている。

「人はただ身のほどを知れ草の葉の露も重きは落つるものかは」

草木に宿る露だって、自己肥大すればたちまちポトリと落ちる。

狸《たぬき》おやじ、ずるがしこい男の典型などと、明治以後の日本人にはもっとも人気のなかった人である。織田信長の果断、豊臣秀吉の陽気さと、日本人はそっちを好む。そして家康の着実さ、忍耐強さ、勤勉さには閉口頓首《へいこうとんしゅ》という人が多い。わたくしもその一人なんであるが、六十二歳の大人の達観した言葉としてこれはなかなかのものと、老骨になったちかごろは見方を変えている。この家康が駿府《すんぷ》で死んだのは元和二年(一六一六)四月十七日、享年七十五。さらば。

128 「世の中は暮れて廓《くるわ》は昼になり」――吉原遊廓のはじめ

一六一七年

そもそも、徳川家康が江戸に入府するとともに、各所に傾城屋《けいせい》（遊女屋）ができたんだと、ものの本にはある。この道ばかりは時と処とおかまいなし。とにかくあまりにも早い時期なのでびっくりさせられる。大坂夏の陣で豊臣滅亡の二年後の元和三年（一六一七）三月三十一日、本多佐渡守正信は庄司甚右衛門より願書がでていた「傾城町設立」の許可を出す。これが吉原《よしわら》遊廓《ゆうかく》で名を残す遊廓づくりの始まりなのである。

庄司には、遊女屋を一ヵ所にまとめることによって、幕府要路と結びつこうという魂胆があった。佐渡守のほうにも、別の思惑がある。豊臣方の残党なんかが隠れる場所に遊女屋がなっている。それを追い出すため。それに江戸の治安上の取締も一ヵ所のほうがやりやすい。両者の狙いが合致して遊廓街建設となった。こんな風に何か事が成されるとき、政治的事情というやつが、裏にひそんでいることが多いのである。

こうして「世の中は暮れて廓《くるわ》は昼になり」という江戸最大の不夜城が出現する。のみならず江戸文化、特に歌舞、音曲、美術の基盤にして発展の地として、遊廓は大いに役割をはたす。『万葉集』にも遊女の歌ありで、芸能・文化とセックスは密接な関係にあったのである。なんて書くと、道学者には叱《しか》られるであろうか……。

129 「荒木の前に荒木なし」――鍵屋の辻の仇討ち　一六三四年

日本三大仇討《あだう》ちの一、荒木又右衛門の伊賀上野・鍵屋《かぎや》の辻《つじ》の「三十六人斬《ぎ》り」の仇討ちがあったのは、寛永十一年（一六三四）十一月七日。午前八時過ぎにはじまり、六時間近い激闘であった。ちなみに三大仇討ちの他の二つは曾我兄弟と忠臣蔵。ただし、どういう基準で鍵屋の辻が選ばれたのか分からない。とにかく芝居でも『伊賀越乗掛合羽《いがごえのりかけがっぱ》』や『伊賀越道中双六《すごろく》』など幾つも採り上げられ人気がある。

せっかくのこうした人気に水を差すようで悪いが、三十六人斬りは大ウソのこんこんちき、ということに今はなっている。史実によると、河合又五郎側の死者四人、うち又右衛門が斬《き》ったのは二人なんだそうである。それに上意討ちの形式をとった決闘が、なぜ仇討ちとして伝承されたのかも不思議とされている。

いろいろとナゾが多いが、すべては幕末から明治にかけて「荒木の前に荒木なし、荒木の後に荒木なし。古今無双の達人」ババンバンバンとやった講釈師の張り扇がこしらえあげた話、ということになる。

いらい、なんとかの前になんとかなし、なんとかの後になんとかなし、と言われたなんとかが、史上に多く登場するが、おおむね作り話であるらしい。人間チョボチョボなんである。

第六章　江戸前期

天下泰平・武士から町人へ

130「大名小名在江戸交替相定むる」——参勤交代制が定められる　一六三五年

ここから、世界と隔絶した江戸二百六十年の天下泰平の時代に入る。お蔭でせせこましい日本人ができたの批判もあれば、平和愛好のおとなしい民族性が生まれたと肯定的な見方もある。論議はさまざまなれど、一つ言えるのは、見事なくらいに世界に類をみない独自の文化をこの時代が育《はぐく》んだということである。理屈はともあれ、スタートする。

諸大名が徳川家康のもとに参勤することは前から行われていた。が、それは大名側からの自発的な行動。が、これは統治するのにまことに都合がいいことに徳川幕府は気がついた。それで寛永十二年（一六三五）六月三十日、三代将軍徳川家光は先代秀忠のとき定められた武家諸法度を改訂し、あらたに参勤交代作法の制を定めた。参勤は正しくは「参覲《さんきん》」と書く。「覲」は「まみえる」と読む。

「大名小名在江戸交替相定むるところ也《なり》。毎度夏四月中参覲致すべし」

つまり諸大名が一年おきに江戸出府することを義務づけるもの。これは具合のいい制度で、謀叛《むほん》を企てるはおろか、経費がかかって諸大名の経済力はいやでも削減される。

もっとも、お蔭で日本全国の異なった文化や物産の交流も促進され、そして江戸時代の繁栄はこれを基礎にして築かれる。すべてが悪いわけではなかったが。

131「馬上少年は過ぎ」──伊達政宗の暇乞い

一六三六年

六十一歳で隠居した晩年の伊達政宗は、花鳥風月を愛《め》で、悠々自適《ゆうゆうじてき》の生活を楽しんだ。そうしたおのれを詠んだ漢詩がすごくいい。

「馬上少年は過ぎ　世は平らぎて白髪多し　残軀《ざんく》は天の赦《ゆる》すところ　楽しまずんば是《こ》れ如何《いかん》せん」

わが若きころは戦乱につぐ戦乱であったが、平和になったいま、もうすっかり老いてしまった。天の与えてくれる残りの人生、大いに楽しむほかはないではないか。遅れてきた猛将らしく、盛んな意気の後ろに、若干の寂莫《せきばく》を漂わせ、使命の終わった人の心境がにじみ出る。

独眼竜政宗の名で有名なサムライであるが、残された言葉からは、なかなかどうして卓越した教養人であることが察せられる。いわゆるダテ者の派手な性格の反面、細心で几帳面《きちょうめん》なところもあった人。「仁に過ぎれば弱くなる。義に過ぎれば固くなる。礼に過ぎれば嘘をつく。信に過ぎれば損をする。気ながく心穏やかにしてよろずに倹約を用い金を備うべし」なんて、夏目漱石の『草枕《くさまくら》』の冒頭を思い起こさせる。

寛永十三年（一六三六）五月二十四日、「子孫兄弟によく挨拶《あいさつ》して、娑婆《しゃば》にお暇《いとま》申するがよし」といっていた戦乱の雄・政宗は、七十歳でこの世に暇を告げた。

132「生きるも死ぬも共にあろうぞ」——原城ついに陥落　一六三八年

原城に籠《こ》もったキリシタン農民たちは三万七千人。これを鎮圧せんと包囲した幕府軍は約十万。籠城《ろうじょう》すること九十日、城内では弾丸も食料も尽きていた。しかし、宣教師ママコスの予言「十六歳の神の子が現れて奇跡をおこしゼウスの教えを奉じて万民を救う。人びとはみな頭に十字架をたて、山野に白旗をなびかせよ」を信じ、天草四郎こと益田時貞を「神の子」と仰ぐ人びとは、最後の最後まで屈することはなかった。

十六歳の四郎は美男で気品のある顔立ちであり、カリスマとして多くの人が魅せられるに十分であった。文字も習わないのに『聖書』を読解し、キリシタンの世の近いことを予言する。手をさしのべると、鳩が舞い降り卵を生んだ。卵の中から聖典が現れた。などなど奇跡を行ったとされているが、所詮《しょせん》は虚像という説もある。

で、残されている言葉も少なく、籠城に際し、

「……ここに集《つど》いし者は皆、ゼウスの教えを信ずる者ばかり、生きるも死ぬも共にあろうぞ」

といったというが、これがいちばん印象深い。

幕府軍は、寛永十五年（一六三八）二月二十八日、総攻撃を開始、翌二十九日までに籠城軍はほとんどが死んで落城した。四郎の死体は発見されなかった、ということになっている。

133「蟹《かに》は甲に似せて穴を掘る」――沢庵漬けと沢庵和尚

一六四五年

沢庵《たくあん》漬けは大徳寺の名僧沢庵宗彭《そうほう》の発明ということになっている。彼が品川の東海寺の開山として迎えられ、将軍家光の信頼を得ていた晩年のことである。寺を訪れた家光に貯《たくわ》え漬け大根の香の物を差し上げたところ、将軍は大そう喜んでパリパリと賞味して、「これは沢庵漬けなるべし」と感想をもらした。そののち毎日、江戸城の台所へ沢庵漬けがとどけられるようになった、とか。で、いつの間にかこの大根の漬けものが沢庵と呼ばれるようになる。

ま、それで、沢庵の名は永遠に残ることになって、せっかく彼が書き残した『不動智神妙録』のほうは、さっぱり忘れられてしまっている。沢庵和尚はさぞや泉下で苦笑しているやも知れない。その中の有名な名言の一つを。

「蟹《かに》は甲に似せて穴を掘る。人は心に似せて家を営む。されば、家に大小あれば、心に大小あり」

つまりは、とかくに身を縛られて心を狭くするなかれ、常に広い心を持て、ということ。もう一つ、「堪忍の二字、常に思うべし。百戦百勝するも、一忍に如《し》かず」。考えてみれば、なんと、この「一忍」の教えの上に徳川政権の土台は築かれたのである。この名僧が亡くなったのが正保《しょうほう》二年（一六四五）十二月十一日。

134 「流行《はや》る学問はニセにて候」——中江藤樹の学問論

一六四八年

昔の教科書に、学業半ばにして、母のための薬を手に家へ帰ったら、そんなことでは将来が思いやられると、家に入れてもらえなかった、という中江藤樹《なかえとうじゅ》母子の美談が載っていた。近江聖人といわれた藤樹は、とにかく親孝行の手本であった。

さらに、二十七歳のとき、ひとり暮らしをしている母と一緒に住みたいと、伊予大洲藩を脱藩するというマザーコンプレックスを画に描《えが》いたような行動をとった人である。公《おおやけ》としての藩よりも、私としての母を大事に考えたわけである。

彼の生涯のテーマは、中国の古典『大学』にある「天子より庶民にいたるまで、一にこれ皆、身を修《おさ》むるをもって本《もと》と為《な》す」という文句を実践することであった。およそ、いまの日本のどこにもいないような超マジメ人間である。

「世間にとり流行《はや》る学問は多分ニセにて候。ニセの学問をすれば、なにの益もなく、かえって気質悪《かたぎあ》しく異風になるものなり」

この藤樹の言葉は、なかなかに含蓄がある。それでわたくしは、皇国史観だの、東京裁判史観だの、「新しい教科書」史観だの、ルーズベルト陰謀説だの、そのときどきで流行る史観には、首を突っこまないことにしている。慶安元年（一六四八）八月二十五日没、享年四十一。

135「ここで三合、かしこで五合」──由比正雪の陰謀発覚

一六五一年

酒好きの好む名セリフ。

「……朝飯に迎え酒で二合飲み、それから角のどじょう屋で、熱いところをちょっと五合。そこを出てから蛤《はまぐり》で二合ずつ三本飲み、それから後が雁鍋《がんなべ》に、好《よ》い黄肌鮪《きはだまぐろ》があったところから、又《また》ぞろ刺身《さしみ》で一升飲み、とんだ無間《むげん》の梅ヶ枝だが、ここで三合、かしこで五合、拾い集めて三升ばかり……裸になっても酒ばかりは、呑《の》まずにはいられねえ」

黙阿弥作のご存じ『慶安太平記』の丸橋忠弥の名調子。酔ったふりの丸橋が、江戸城の堀の深さを探ろうとしているところへ、松平伊豆守が通りかかって、丸橋を呼び止める。その直前の、花道で朗々とやる。

芝居の話ではなかった。伊豆守や北町奉行への密告があって、軍学者と名高い由比正雪《ゆいしょうせつ》や丸橋忠弥たちの謀叛《むほん》計画がバレたのが慶安四年（一六五一）七月二十三日。槍《やり》の名人の丸橋は、捕手《とりて》の「火事だ、火事だ」の叫びに、あわてて表へ飛び出したところをあっさり御用。正雪は二十六日に駿府の旅館梅屋で自殺。書置きがある。「いま天下は上下とも大いに困窮している。私にはそれを改革することなどできない。しかし事を起こして天下にそれを報せたかったのだ」と。いつでも反乱は旧来の政治改革を目的にすると決まっている。

136 「苦は楽の種」——水戸黄門、『大日本史』を編纂する

一六五七年

明暦三年（一六五七）二月二十七日、水戸光圀《みつくに》が画期的な史書『大日本史』の編纂《へんさん》を開始す。そんなむつかしい話は御免蒙《こうむ》るなどといわないでほしい。テレビでおなじみ「越後のちりめん問屋のご隠居」こと「天下の副将軍」水戸黄門の話なんである。

黄門さまとなれば、「この紋どころが目に入らぬか」ということになるのであろうが、もちろん、講釈師の張り扇から生まれたもの。これは採用できない。通説では、黄門さんは水戸や江戸を離れたことは数回しかなく、とても日本中を廻《まわ》る暇などなかった。ところが、大事業の『大日本史』をつくるために、家来衆が史料集めに全国をたずね歩いた。たとえば、助さんの佐々介三郎が出雲大社を訪ねて、天皇に関する文書を検した、という記録が残っている。で、そんないくつもの話が土台になってできたのが「水戸黄門漫遊記」ということらしい。そしてこの『大日本史』がのちに、いわゆる「日本は神国なり」の水戸学の根本になったのである。

黄門さまのいい言葉がたくさんある。「苦は楽の種、楽は苦の種と知るべし」「朝寝すべからず。咄《はなし》の長座すべからず」「分別は堪忍にあると知るべし」。

そして飛びきりの名言を。「欲と色と酒はかたきと知るべし」いや、これは酒呑みにはあんまり有り難くない言葉である。つまらんことを言うな、であるな。

137 「君はいま駒形《こまがた》あたり……」――名妓高尾太夫の佳句

一六五九年

高尾太夫《たかおだゆう》といっても一人じゃない。吉原の三浦屋に抱えられた高尾太夫は七人とも十一人ともいわれている。今回のは「ほととぎす」の名句で知られている太夫の話。

わざわざ出掛けて行ってみた。「君はいま駒形《こまがた》あたりほととぎす」の句で有名な、吉原の高尾太夫の墓は、浅草山谷の春慶院という寺にある。傍らの立て札に曰《いわ》く。

「高尾太夫は、江戸時代吉原の代表的な名妓《めいぎ》で、この名を名乗った遊女は十一人あったと言われ、歴代いずれも三浦屋の抱え遊女でありました。最も名高いのは二代目高尾太夫で、世に万治《まんじ》高尾とうたわれ伝説巷談《こうだん》を生んでいます。悲劇の主人公となった奥州仙台の太守、伊達綱宗《だてつなむね》との交情は、江戸人士の口の端《は》にかまびすしくなりました。忘れねばこそ、思い出さず候……。との手紙の一節、君はいま駒形あたりほととぎす、の佳吟《かぎん》にその様子が偲《しの》ばれます」

墓に「為転誉妙身信女之墓　万治二年十二月五日」とある。つまり西暦一六五九年の十二月五日が命日。

ところが、困ったことにさきの「ほととぎす」の句は別人の作、という説もある。その反面、真の彼女作の佳句《かく》もある。その一つ「寒風にもろくもくづる紅葉かな」をみたりすると、やっぱり「駒形」の句も彼女の作としたくなる。甘いかな。

138「お若《わけ》えの、お待ちなせえやし」——白井権八の処刑 ［一六七九年］

「お若《わけ》えの、お待ちなせえやし」

「待てとお止《とど》めなされしは、拙者《せっしゃ》が事でござるかな」

幡随院長兵衛《ばんずいいんちょうべえ》と白井権八《しらいごんぱち》との出会いの場、安永八年（一七七九）から上演されていつも大喝采《だいかっさい》の、まさにご存じ「鈴ヶ森《すずがもり》」の場の名セリフである。と調子よく書き出したが、今日は歌舞伎芝居ではなく、その白井権八こと元鳥取藩士の平井権八が、強盗殺人の咎《とが》で品川で死刑になったのが延宝七年（一六七九）十一月三日。享年二十四。そして、愛人の吉原三浦屋の小紫《こむらさき》が目黒東昌寺の権八墓前で自殺、という心中の話なんである。

前項が遊女で、また遊女。好きだねぇ、と笑われそうであるが、泰平の世のことを題材に、となれば、わたくしじゃなくても吉原を何度も語ることになる。ご勘弁を。

さて、若き凶賊と美女の後追い心中、これが芝居にならないはずはない。そこで歌舞伎では、なんと権八処刑の二十一年も前の明暦三年（一六五七）に殺されている幡随院長兵衛を登場させる。いやはや、昔も今も、劇作家のお話づくりのうまさよ。感服するばかり。

ところで、権八・小紫の比翼塚はいまも目黒の寺にあって、何故《なぜ》かお参りする人が多いとか。どんなご利益《りやく》があるのであろう。世は不思議なもんである。

139「今日一日の用をもって極《きよく》と為《な》すべし」――山鹿素行の武士道学　一六八五年

赤穂藩の兵学師範となったことがあるため、「忠臣蔵」に登場する。吉良邸に討ち入ったとき、大石内蔵助《おおいしくらのすけ》が打つのが、山鹿流の陣太鼓というわけである。実際は赤穂藩には九年しかいない。妙なところで有名になっているが、この人の真価は『中朝事実』とか『山鹿語類』とか『聖教要録』とか、著作が合わせて約五百数十冊という「文豪」的なところにある。門人は千人におよぶといわれる。テーマは一貫して平和な時代の武士道学といったもの。

「外その威儀正しき時は、内その徳正し」と『語類』にある。大意は、人間は心と形とは同一のものであるが、いきなり心を正すことは難しいから、まず形を正して、もって心を正しくすべきである、というところ。

「その言行おのれより賢れる者は、もって師とすべし。何ぞ常の師あらんや。天地これ師なり、事物これ師なり」（『聖教要録』）。要は自惚《うぬぼ》れるなかれ、ということ。

また、こんなのもある。「大丈夫はただ今日一日の用をもって極《きよく》と為《な》すべし」。すなわち、人間たるものは、今日一日に全身全力を投入すべし、明日、明後日、いや、遠い将来のことはその結果なんである。

この山鹿素行《やまがそこう》は貞享《じようきよう》二年（一六八五）九月二十六日に没した。享年六十四。

140「人をもて鳥獣《ちょうじゅう》に代《か》え」——生類憐みの令がでる

一六八七年

ほんとうにこんな時代があったのかな、と疑いは消せないでいる。

五代将軍徳川綱吉が隆光上人の進言をいれて、世界に冠たる珍にして奇なる悪法を制定した。誰《だれ》もが知る「生類憐《しょうるいあわれ》みの令」である。とくに綱吉が戌《いぬ》年生まれとあり、犬が大事にされた。江戸周辺の中野や大久保に作られた犬小屋には、江戸市中の野良犬がすべて集められ収容された。その数はなんと四万八千七百四十八匹に及んだ、と記録にある。

とにかく貞享四年（一六八七）一月二十八日の発令いらい、綱吉が死ぬまでの二十二年間、江戸市民の難儀のほどは察するに余りある。頰《ほお》にとまった蚊を、平手でピシャリとやった旗本は、ただちにお役御免。溝の水を道路へ撒《ま》いてはいかん、なぜならボーフラが死ぬから。犬を蹴飛ばして遠島、殺すのはもちろん大傷つければ死罪になる。燕《つばめ》を吹き矢で殺して首を斬られた親子もいた。

綱吉は死ぬとき「この法をつづけよ」と遺言したが、後継の家宣はすぐ廃止する。あまりの阿呆《あほ》さに幕府の御用史書『徳川実紀』も、「人をもて鳥獣《ちょうじゅう》に代《か》えるにいたり」と、批評の外においてあきれている。いまの日本にも、はたしてこれほどの悪法はないのかな。一億背番号制なんて如何《いかが》なものか。

141 「夏草や兵《つわもの》どもが夢のあと」――芭蕉、奥の細道の旅立ち　一六八九年

『おくのほそ道』の本文では、松尾芭蕉が奥の細道の旅に出たのは元禄二年（一六八九）三月二十七日の明け方。ところが、同行した曾良《そら》の日記では三月二十日のことである。それくらい芭蕉翁は事実そのままではなく、フィクションをまじえ見事に作品化している。

「月日は百代の過客にして、行《ゆき》かう年も又《また》旅人也《なり》。舟の上に生涯をうかべ馬の口とらえて老《おい》をむかうる物は、日々旅にして、旅を栖《すみか》とす」

名文であるな。中学生のときに覚えさせられたお蔭で、いまもすらすら口に出る。「人生は旅」の思想はそれいらいのもの。平泉のところもすばらしい。

「義臣すぐって此城に籠り、功名一時の叢《くさむら》となる。国破れて山河あり、城春にして草青みたり」。そして「夏草や兵《つわもの》どもが夢のあと」となる。

そうではあるけれども、芭蕉の言葉でもっとも好きなのは、『笈《おい》の小文《こぶみ》』にある「ついに無能無芸にして只此一筋《ただこのひとすじ》につながる」なんである。人によって異なるであろうが、ともかくもわが仕事と考えることをこの一筋に最後まで貫き通す。これを漱石は漱石流に「うんうん死ぬまで押すのです」と言いかえた。時代を超えてふたりの天才の思いが響きあっている。芭蕉や漱石の凄《すさ》まじい決意を、わたくしはおのれの決意としている。

142「下戸《げこ》の建てたる蔵もなし」──井原西鶴の経済感覚　一六九三年

とにかく、この人の金銭に関する名言は数え切れない。「とかく金銀の光ぞ有難《ありがた》し」(『好色一代男』)。「世に銭程《ほど》面白き物はなし」(『日本永代蔵』)。「何に付《つけ》ても金銀なくては世に住める甲斐《か》《い》なし」(『西鶴織留』)。「大晦日定めなき世のさだめ哉」(俳句)。

ただしいちばん有名な「金が敵《かたき》の世の中」は、この人のものではないらしい。

そのほかの、いくつもある名言を、ちょっと並べてみる。「その身にそまりてはいかなる悪事も見えぬものなり」(『日本永代蔵』)、慣れると悪事も平気になる。「世の中に下戸《げこ》の建てたる蔵もなし」(『世間胸算用』)、世の中で酒の飲めない者の建てた蔵はない。「長者に二代なし。女郎買いに三代なし」(『西鶴置土産』)、二代目、三代目は初代のもの以上の心掛けが大切。ましてや遊び暮らすものに没落しないものはない。「人間は、欲に手足の付いたる物ぞかし」(『諸艶大鑑』)、人間とは欲のかたまりに手足がついたもの。「憂うる者は富貴にして憂え、楽む者は貧にして楽む」(『武家義理物語』)、まったく貧乏してりゃ泥棒の心配もない。

そうそう、『好色一代女』に最高傑作があった。「美女は命を断つ斧」。であるから、わたくしの女房は……てなことを言うために引用したわけではない。念のため。

この徹底したリアリストの井原西鶴は元禄六年(一六九三)八月十日に世を去った。

143「松の事は松に習え」——枯野へ去った芭蕉の夢

——一六九四年——

俳句の季語に芭蕉忌がある。元禄七年（一六九四）十月十二日、大坂は花屋の離れ座敷で、弟子たちに見守られ息を引き取った。で、この日が芭蕉忌、時雨《しぐれ》忌ともいう。そして、「旅に病《やん》で夢は枯野《かれの》をかけ廻《めぐ》る」、この遺句は有名である。芭蕉翁にはすでにいっぺん登場してもらったが、今回もまた、すばらしい名言のオンパレードで。

「松の事は松に習え、竹の事は竹に習え」（『去来抄』）、松も竹もいわば自然の象徴。私意を働かしている限り、自然の神髄はつかめぬ。私を離れ自然と一体化することが大事なんである。

「句調《ととの》わずんば舌頭に千転せよ」（『去来抄』）、句の調べがととのわず、すっきりしない時は、何べんでも繰り返し口ずさんでみよ。日本の詩は調べが命なんである。

「予の風雅は夏炉冬扇のごとし」、わが俳諧は、故人のいわゆる「夏炉冬扇」のように一向に世の中に役立たないもの。孤高の詩人のきびしさをここから読みとるべきなんである。

「いいおおせて何かある」（『去来抄』）、すべてを言い尽くして、それが何なのだ。そんなことに何の値打ちもない。余韻が大切なんである。

「俳諧の益は俗語を正すなり」（『三冊子《さんぞうし》』）、大切なのは俗語を詩語に高めること。俳句は言葉を正しく、なんである。まだまだあるが、以下は略。

144「地中で鐘を鳴らす」——円空さんの入滅

―一六九五年―

鉈《なた》でぶっきら棒に彫った円空仏を、こよなく愛する人が多いのではないか。三十歳のころより木彫りの仏像をつくりながら、修行に修行を重ねてこの僧は、各地を遍歴する。北海道から東北、関東、中部、近畿と、円空の足跡は驚くほどほうぼうにある。衣食はすべて喜捨に頼って、野宿の旅をつづける。みずからは乞食沙門《しゃもん》と称していた。

「けさの野になまめきたてる女郎花《おみなえし》かからぬ袖に花の香ぞする」

「我恋はけさの御山にあらなくにかかる心はわびしかりけり」

円空さんの歌、これも色っぽくていい。

この円空さんが一心不乱に刻んだ仏像は、十万体といわれている。満願の十万体目の仏像は、飛驒の金木戸の観音堂で刻んだ東山天皇像。まだ拝顔の栄に浴したことはないが、円空さん五十九歳のときの作、それはそれは見事なそうな。

元禄八年（一六九五）七月十五日、円空さんの命日である。享年六十四。穴の中にみずから入り、竹筒を差し込んで「地中で鐘を鳴らす。その音が絶えたら、そのときがわれの入滅のしるしなり」と遺言した。鐘の音はしだいしだいに小さくなり、この日、ぷつりと途絶えた。集まった村人たちは動かずに立つ竹筒を囲んで号泣した。

145「そりゃちとそでなかろうぜ」――花の吉原百人斬り――一六九六年

吉原中之町の蔦屋《つたや》方で、佐野の炭問屋次郎右衛門が、万字屋の遊女八橋《やつはし》を殺害し、町の者たちを斬《き》り払って逃げるが、結局は取り押さえられる。「金の切れ目が縁の切れ目」で冷たくなった女への恨み。いわゆる〝吉原百人斬り〟という有名な話。起こったのが元禄九年（一六九六）十二月二十四日。華やかな元禄時代を象徴する事件であった。

実は二、三人を斬っただけであったという。が、刀の切れ味がすさまじく、八橋の上半身は階段上に残り、下半身は下に落ちていた。刀が水もたまらぬ「籠釣瓶《かごつるべ》」。こうなれば芝居の絶好のネタで、江戸時代にも数多く作られたが、いまは明治二十一年に河竹新七作の『籠釣瓶《かごつるべ》花街酔醒《さとのえいざめ》』がもっぱら上演されている。

「花魁《おいらん》、そりゃちとそでなかろうぜ。夜毎に変《かわ》る枕《まくら》の数、浮き川竹の勤めの身では昨日にまさる今日の花と、心変りはしたか知らねど……」

芝居を観ながら、財産を棒に振った色男の嘆きを聞くたびに、俺《おれ》でなくてよかったと、背筋に寒さを感じる人が多いのでは……。それで次郎右衛門がくどくつぎのセリフ「なぜ初手から言うてはくれぬ」に、そうだよ、なあ、はじめから言ってくれればヨ……と、ひそかに同情と同感と他人事ながらの無念さを覚える。

146 「紀州男児の意地を見せてやる」——紀伊国屋文左衛門の大儲け 一六九八年

〽沖の暗いのに白帆が見える あれは紀の国みかん船……で名高い紀伊国屋文左衛門が、上野・寛永寺の根本中堂の普請の用材を請け負って、五十万両（現在の二百億円以上）の巨利を得たのが、元禄十一年（一六九八）二月九日。どうも、暴風雨のなかを船出して蜜柑《みかん》で大儲《もう》けした、という話は俗説であるらしい。火事の多い江戸というところに目をつけて、材木商として成功した、その商才のほうが実話らしい。

でも、それでは物語としての紀文らしくない。「儲けのためにではない。江戸の奴らに、紀州男児の意地を見せてやる」。この人の言葉がすこぶるいい。そして、大儲けしたあとの〝紀文のバカ遊び〟が小気味よくてもっとよろしい。千両で吉原を一晩買い切ったとか、節分には升に小粒金を入れて撒《ま》いたとか、好きな芸者の名を書いた一個七十両の饅頭《まんじゅう》を作ったとか。その遊び方が奇想天外、とうてい真似ができない。

そして晩年は落ちぶれて一文の金にもこと欠いた。自分で稼いだ金を一代限りで使いつくした日本人ばなれした男であった。

ついでに書くと、宝井其角《きかく》に師事して俳句もつくったという。俳号は千山。「汐草の跡へはねたる月見かな」（由比ヶ浜にて）。こっちの方はお上手とは申し兼ねる。

147「徳利の別れ」——赤穂浪士、泣かせる話の真偽

一七〇二年

これは現在では作り話という烙印《らくいん》を捺《お》されている。でも、酒好きとしては外したくはない。赤垣源蔵《あかがきげんぞう》「徳利の別れ」の一席である。いよいよ討ち入りと決まったので別れのために兄の家を訪れる。あいにく兄は留守で、やむをえぬと兄の羽織を相手に「お世話になり申した」と源蔵は酒を注いだり注がれたり。もちろん、話の出所が講談であるから、初めから真実とは思っていなかったものの、第一に赤垣源蔵の名前からして、正確には赤埴《あかばね》源蔵。さらに本物は盃一杯でフラフラの下戸《げこ》と知らされてギャフン。

しかも、本物の源蔵が暇乞《いとまご》いに行った先は、妹婿にあたる田村縫右衛門であったという。これでは、〽さげた徳利をなでながら……、という流行歌の哀愁寂々《せきせき》たる名文句が泣くというものである。ときに元禄十五年（一七〇二）十二月十二日。

それにしても「南部坂雪の別れ」「其角と大高源吾の雪の両国橋の出会い」「俵星玄蕃《げんば》の陰ながらの助太刀」「天野屋利兵衛は男でござる」「大石東下りのときの立花左近との対決」「岡野金右衛門の絵図面取り」……といった忠臣蔵の泣かせる話が虚実の鏡に照らしてみると、なべて討ち死にという。

科学万能の、合理主義の世とは、実につまらぬ世であるな。

148 「所は本所松坂町」――吉良邸へ討ち入り

一七〇二年

毎年、暮の十二月、となれば〝忠臣蔵〟である。時に元禄十五年（一七〇二）、年表などでは十四日とされているのが多いが、実際に討ち入ったのは文句なしに十五日朝まだき。念のため。

さて、その昔、調子良く張り扇ばりにわたくしの書いたものがある。それを引用する。

「などて逃さじ亡君の仇《あだ》、さがし出して白髪首、あげて御無念はらさんと、所は本所松坂町、吉良の屋敷の裏表、二手に分かれた義士たちが、一打ち二打ち三に流れる山鹿流《やまがりゅう》、金切割《かなきりわり》の采《さい》配《はい》で、雄々しく下知する親と子の、進め進めの声のもと、われ劣らじと乱入す。君の恵みにくらぶれば、富士の高嶺《たかね》も高からず、千尋《ちひろ》の海もなお浅し、髪の毛よりも軽き身の、死すともなどか惜しむべき。雪を照らして冴《さ》えわたる、時こそ元禄十五年極月十五日の月明かり、されば味方の松明《たいまつ》なりと、勇む武士《もののふ》四十七、弥猛《やたけ》心や弓張りの、今宵に迫る一期なり」

さて、前項でも書いたが、ここに出てくる「山鹿流の陣太鼓」も大嘘の仲間で、大石内蔵助が騒々しく太鼓を打ち鳴らすはずはないのである。「所は本所松坂町」も史実からいうとペケになる。吉良邸のあったあたりに松坂町の町名がついたのは、討ち入り以後のことで、当時は「本所二ッ目」とか「本所回向院裏」と呼ばれていたという。史実に忠実にすると、万事がつれない話ということになる。やりにくいよなぁ、講談師には。

149 「接して洩《も》らさず」――『養生訓』貝原益軒の長命 ―一七一四年―

貝原益軒《かいばらえきけん》『養生訓《ようじょうくん》』と聞けば、ただちに「接して洩《も》らさず」という言葉を思い浮べる人も多かろう。正しくは「四十以上の人、血気いまだ大いに衰えずして、……交接のみしばしばにして、精気をば泄《もら》すべからず」なんである。

ところで、この本は、実は中国で編纂《へんさん》された医学書を下敷きにしている。ただし益軒なりに、取捨選択がなされている。けれども、セックスに関するところはそのまま、といっていいかも知れない。二十歳は四日に一度、三十は八日に一度、四十は十六日に一度、五十は二十日に一度、六十は精を閉じて洩らさずだが、体力盛んならば一カ月に一度でもいい、なんてところは、益軒はそのまま取り入れている。

念のためにいうが、この本にはただセックスに関してのみ記されたものにあらず、酒の飲み方、腹八分目のこと、運動のこと、規則正しい生活のことなど、健全な肉体のために守るべきことが網羅されている。さて、当の益軒先生、正徳四年（一七一四）八月二十七日、享年八十五で亡くなった。ちなみに益軒には二十歳も年下の女房がいて、嫉妬深く、益軒が外出するとき、遊廓へ行くのではないかと疑い、どこへでもついて来るというしつこさ。それで八十五までとは、接して洩らさず、長生きしたんだな。

150 「死ぬことと見つけたり」──誤解された山本常朝の『葉隠』 一七一九年

肥前藩（佐賀）の武士の修養書『葉隠《はがくれ》』には、まことに味のある言葉がある。最高に知れ渡っているのは、

「武士道というは、死ぬことと見つけたり」

これである。ただし、ひたすら死ぬことをすすめるだけの言葉にあらず。「人の命は知れぬ物にて候」「只今《ただいま》の当念より外はこれなきなり」などの言葉もある。つまり武士たるものはいつ死を迎えるかわからないから、朝夕心を正し、その日その日を最高に生きよ、とそう言っているのである。単に死ねばいいとする死に狂いや、尚武だけの言葉にあらず。戦争中の滅私奉公の鼓吹から、この言葉は妙に誤解されているような気がするので一言。

「五十ばかりより、そろそろ仕上げたるがよきなり」。若いうちに出世して役に立つのも結構、が、大体に長持ちしないもの。人は五十歳ごろからそろそろ仕上げにかかるがよい。これもなかなかにいい言葉である。「人に異見《いけん》をして疵《きず》を直すという事、大切の事、大慈悲、御奉公の第一にて候」。この心掛けは世のため人のためになる。

この『葉隠』（正しくは『葉隠聞書』）の著者ともいえる山本常朝の没したのが、享保四年（一七一九）十月十日。

151 「寂滅為楽《じやくめつゐらく》とひびくなり」――幕府の心中禁止令

一七二三年

「此の世のなごり、夜もなごり。死に行く身をたとうれば、あだしが原の道の露。一足ずつに消えて行く。夢の夢こそあわれなれ。あれ、数うれば暁の、七つの時が六つ鳴りて、残る一つは今生の、鐘のひびきの聞きおさめ、寂滅為楽《じやくめついらく》とひびくなり」

近松門左衛門の『曽根崎心中《そねざきしんじゆう》』の、お初・徳兵衛が死に場所を求めての道行の冒頭である。鐘の音は死にゆく二人の死後の安楽を約束するように「死ぬるが楽」と響く。来世での恋の成就にすべてを賭ける。心中礼讃ともいえる言葉が観る人の心を打った。元禄十六年（一七〇三）に上演のこの人形浄瑠璃が大ヒットした。その影響で心中（情死）がそれから十年ほど大はやり。こと重大とみた幕府は、ついに男女申し合わせの死を禁ずることにした。ときに享保八年（一七二三）二月二十日。

片方が生き残った場合は殺人犯として処刑。双方とも生き残った場合は三日間もさらした上で下人《げにん》の手下《てか》にする。絵草子や歌舞伎狂言の題材にすること禁止、などなど。きびしい罰則を定めたのである。これではたして心中者が減ったかどうか、結果はつまびらかではないが、恋は思案の外のもの、規則なんかではとめられなかったらしい。義理とか人情とかの人生のしがらみはもちろん、法を超越してしまうところに、死にゆくものの為楽の極致がある。

152 「実と虚《うそ》との皮膜の間」——近松門左衛門の実戦的名言

一七二四年

近松門左衛門のことはもう前項の『曾根崎心中』で登場してもらっている。もう一つ、『心中天網島』でわたくしが気に入っている名セリフを。

「女房の懐には鬼が住むか、蛇《じゃ》が住むか」

妻たるものは夫への不満や渇望を爆発させるとき、こんな気持になるらしい。ああ、コワイ！　で、さらにもういっぺんというわけである。今回はご自身の名言を。

「芸といふものは実と虚《うそ》との皮膜の間にあるもの也《なり》」

その談話「難波土産《なにわみやげ》」に出てくる。「皮膜」は「ひにく」と読む。これはその晩年に、浄瑠璃作文にさいしての心構えを語った浄瑠璃評釈書で、元文《げんぶん》三年（一七三八）一月に刊行された。近松は「虚」がいかにして「実」を超える迫真性をもつか、そこに芸なるものがある、と説いているのである。しかも彼はそれを実践した。事件が起こるとすぐに現場に飛び、事実を取材することから、芝居は成立する。しかし、作品はその事実を超えたより劇的なものでなければならない、と彼は言う。まさしく芸事の神髄がこの言葉にある。

近松は享保九年（一七二四）十一月二十二日、大坂で七十二年の生涯を閉じる。ちなみに本名は杉森信盛。近松というペンネームは三井寺の別院・近松寺《ごんしょうじ》に身を寄せていたからとか。

153「馬上にては治《おさむ》べからず」──荻生徂徠の硬骨の論

一七二八年

松の廊下の刃傷《にんじょう》も、赤穂浪士の吉良邸討ち入りも、ともに私闘であると論じ、人情論を断固として排した硬骨漢、それは荻生徂徠《おぎゅうそらい》という江戸中期の漢学者。ところが、この人はほかにも実に数多くの名言を残してくれている。

「武士道というは、おおかたは戦国の風俗なり。馬上にて天下を得るとも、馬上にては治《おさむ》べからず」。驚くなかれ、軍人は政治に干与《かんよ》してはならぬ、とすでに喝破している。

「田舎の家作は山にて木を枯らし置て大工を呼びよせ、幾日もかかりて立てるゆえ、家丈夫にて年久しく堪えるに、御城下は何もかも御城下の町にて買い調え、例のせわしなき風俗にて急に建つる」

徂徠が眉《まゆ》をしかめた光景が現代日本では当たり前。格好だけはモダーンかもしれないが、使いづらくて、その上に大自然の猛威に対してはまことにか弱い。設計者の弄《もてあそ》びものになっている公共建築物を見るたびにそう思う。

ただし、この人は硬骨の論を吐くだけに謹厳実直すぎて、その人となりはまったく面白くない。酒は猪口で三杯を限度とし、夜の出歩きは決してしなかった。で、亡くなったのは享保十三年（一七二八）一月十九日。享年六十四。謹直でも死ぬときは死ぬものよ。

154「百余歳の寿を保つ」——吉宗、さつま芋を食う

一七三五年

「源氏《げんじ》」「花魁《おいらん》」「太白《たいはく》」とはなーんだ？　と問うても、ちかごろの若者の多くは答えられまい。さつま芋の名前（種類）である。専門家によれば、さつま芋の種類は千種以上あるとか。

さて、史書は面白い事実を残す。八代将軍吉宗のとき、「さつま芋の種を吹上御苑で試みに植えさせたところ、よく繁殖したので、飢饉《ききん》のさいには役立つであろうと、諸大名に試食させた」と吉宗の『御実記』にある。これが享保二十年（一七三五）三月九日。みなが大いに舌鼓をうったので、吉宗はさっそく「領内に植えよ」と命じたという。

これを進言したのがかの大岡越前守。越前守の推挙で薩摩伝来の芋の種を植えたのがオランダ学者の青木《あおき》昆陽《こんよう》、つまり甘藷《かんしょ》先生である。これが契機となって、さつま芋が東日本にぐーんと広まった。昆陽先生の名言の一つ。

「芋を蒸して干し、米の如《ごと》く切って飯となし食う。島人（沖縄）皆百余歳の寿を保つ」

小石川植物園には、この人の甘藷試作跡の記念碑がある。

贅言《ぜいげん》を一つ。昆陽の顔にはひどいあばたがあったそうな。あばたのことを俗に「いも」と当時はいった。甘藷先生のいわれは、あにさつま芋の栽培のみにあらず、ということらしい。ただし、保証のかぎりにはあらず、念のため。

155「せまじきものは宮仕《みやづか》え」――『寺子屋』の中の名セリフ　一七四六年

どうしてもこの名言を加えたいので、いささか無理を承知で書く。延享三年（一七四六）十一月に初演された歌舞伎の『寺子屋』の話である。正しくは『菅原伝授手習鑑《すがわらでんじゅてならいかがみ》』。この芝居のなかで、武部源蔵がしみじみと嘆くセリフがある。

「せまじきものは宮仕《みやづか》えじゃなぁ」

これである。狂言の「武悪《ぶあく》」にも出てくるというが、全国のサラリーマン諸氏ならびにオールド・サラリーマン諸氏のなかで、この言葉を身にしみて呟《つぶや》いた経験のない方はおられないのではないか。勤めたかぎりは私情を殺さなくてはならぬ。愚痴《ぐち》は愚痴として腹の底へ呑みこまねばならぬ。そのつらさをかこつ名言ということになろうか。

なお、ちょっと愉快なのは、戦時下の日本では、このセリフは「忠」にたいする批判がこめられているということで芝居では「宮仕えはここじゃわやい」に変えられたとか。

さて、無理を承知としたのは、実はこの言葉の文献で初出は、室町時代の幸若舞曲《こうわかぶきょく》『信太《しだ》』であると、最近になって知った。旧主の幼少の遺児・信太を殺さねばならない羽目になった千原太夫が言う。「あらあじきなや世の中にすまじきものは宮仕い、われ奉公の身ならずばかかる憂き目にもあわじ」。いまのフリーター全盛時代、次第に死語になりつつあるか。

156 「待ちかねたわやい」――『仮名手本忠臣蔵』の初演 ―一七四八年―

前項の『寺子屋』と、『義経千本桜』、それに『仮名手本忠臣蔵』を日本三大戯曲というそうな。またまた芝居話ながら外すわけにはいかない。

この芝居には、やたらに胸にグッとくる名セリフが山ほどもある。

「酒は飲んでも飲まいでも、つとむるところはきっと勤める武蔵ノ守」

「よい返事聞くまでは、口説《くど》いて口説いて口説き抜く」

「ただいま参上」「待ちかねたわやい」

「色にふけったばっかりに、大事の場所にも居り合わさず」

「嘘《うそ》から出た誠でなくて、誠から出た、みんな嘘、嘘」

なかでも、有名なのは、「花は桜木、人は武士」ということなんであるが、これが何段目に出てくるのか。かなりこの芝居『仮名手本忠臣蔵』を観《み》ているが、なかなか全通しを観る機会がなく、聞き落としている。残念至極である。

二世竹田出雲・三好松洛・並木千柳の合作によるこの浄瑠璃が、大坂の竹本座で初演されたのが、寛延《かんえん》元年（一七四八）の八月十四日なのである。その日から数えても二百六十年余、いまもって最高に人気のドラマとは!?

第七章　江戸後期

佳人・粋人・奇人・変人

一七六三年

157「もののあわれ」——真淵・宣長の松坂の一夜

賀茂真淵《かものまぶち》は、本居宣長《もとおりのりなが》が師とよんだただ一人の人。しかし、宣長が真淵と会ったのは一度だけで、宝暦十三年（一七六三）五月二十五日、大和旅行の帰途、伊勢松坂に立ち寄った六十七歳の真淵を、三十四歳の宣長が訪問した。二人の学者は『古事記』をめぐっておおいに語りあった。

戦前の国定教科書に「松坂の一夜」が教材として載せられていた。その夜の二人の静かで情熱的な語らい。学者って偉いもんだな、と感じ入ったことを覚えている。宣長が三十五年を費やした『古事記伝』の稿を起こしたのは、この出会いの翌年から。それだけではなく、「もののあわれ」という日本的思想の確立されたのも、実はこのときの出会いを出発とする。

「まことの道は、天地の間にわたりて、何《いず》れの国までも、同じくただ一すじなり。然《しか》るに此《この》道、ひとり皇国にのみ正しく伝《つたわ》りて……」。まことの道すなわち「もののあわれ」は、道理や理屈を超えて、日本人の感性から発せられるやむにやまれぬ感動というもの、と説く。こんなむつかしい論よりも、宣長の名言としては、次のほうがはるかにいい。

「人の情の感ずること、恋にまさるはなし」

文章上達の極意は、ラヴ・レターを書くこと、と同じ意かな。

158 「長生きは無益なこと」――小塚原の腑分け見学

一七七一年

オランダ学者の杉田玄白《すぎたげんぱく》が、前野良沢《まえのりょうたく》、中川淳庵《なかがわじゅんあん》とともに、千住の小塚原で、刑死人の腑分《ふわ》け（解剖）を実際に見学したのは、明和八年（一七七一）三月四日、朝から雨の日であった。かれらは東洋医学の人体解剖図と、オランダの医学書『ターヘル・アナトミア』の解剖図とがあまりに違いすぎるのに、つねづね疑問を抱いていた。それで、前々から腑分けの見学を願い出ていたのである。

結果は、『ターヘル・アナトミア』の図は、腑分けされた実物と寸分違《たが》わぬ正確さ。東洋医学の後進性に言葉を失うとともに、かれらはふるえるような感銘を覚えずにはいられなかった。こうして翌日、良沢の家に集まり、三人はオランダ医学書の翻訳を共同してはじめることとなる。日本の近代医学の開幕である。

さて、名言であるが、医学者の杉田玄白にしゃれた言葉が残されている。

「長生きを願うのは、老いて不自由の身を考えぬからで、無益のことなり」

いやいや、高齢社会のいまの世の中、それほど名言ではなかったかな。念のために書くが、玄白が亡くなったのは八十四歳。名医の名声のますます揚がり、「生民救済」をモットーに、最後の最後まで患者の脈をとっていたという。その人にしてはじめてこの言ありか。

159 「それならわれわれの手で」――江戸っ子が架けた吾妻橋 ―一七七四年―

徳川幕府は防衛の見地から、江戸の川に橋を架けることを容易に許さなかった。すべて渡し船ですませていた。それで隅田川には、家康によって架けられた千住大橋を筆頭に、両国橋は四代将軍家綱の時代にでき、五代将軍綱吉になって新大橋と永代橋が架けられた。さすがに泰平の世の都市集中は、両国橋一つではまかないきれなかったのである。永代橋のあったお蔭で四十七士は右往左往しないですんだ。

しかし、住民からすれば不便で仕方がない。戦乱の世が終わったのに、いまさら東北から攻めてくる藩もあるまいにと、幕府の橋づくり政策が阿呆らしくてならない。といって、いくら頼んでもロクな返事もしない役人ども。勝手にしやがれと、業をにやした江戸っ子が、「それならわれわれの手で」と許可をえて橋を架けることにした。これが浅草・向島をつなぐ吾妻橋。「東橋《あずま》」「大川橋」ともいった。許可が下りるまで六年というから、官僚のやることは昔からそんなもの、と毒づきたくなる。ともあれ、長さ百三十八メートル、幅五・五メートルの橋が完成したのが安永三年(一七七四)十月十七日。江戸っ子NGOのあげた成果である。

ちなみに以後、明治になるまで約百年間、隅田川には橋は架からなかった。日本は「橋をつくらない文化の国」と思えてならない。

160「朝顔に釣瓶《つるべ》とられて」——加賀の千代女の辞世句

—一七七五年—

俳句の季語には「千代尼忌《ちよにき》」があるそうな。すなわち加賀の千代女は安永四年（一七七五）九月八日に亡くなったので、その日を記念して、という。でも、加賀の千代女といわれても、思い出せる句はただ一つ、

「朝顔に釣瓶《つるべ》とられてもらひ水」

それだって学校で習ったから記憶しているのであって、かならずしも名句としてではない。もっとも、一句でも後世に残る句を作れれば、俳人としては冥利《みょうり》につきる。

ほかにも、「起きて見つ寝て見つ蚊帳《かや》の広さ哉《かな》」や「蜻蛉《とんぼ》釣り今日は何処《どこ》まで行たやら」があるじゃないか、と疑問に思われる読者もいるかと思うが、前者は某遊女の句であり、後者も千代女の句集や真蹟に収められてはいないそうな。

完全に彼女の句としては、もう一句「何着ても美しうなる月見かな」が有名らしい。これだって月のかがやく下では人はみな美しく見える、という風流でなく、着物に心を労する女がでてきて下世話な句になっていて、面白くもない。要は下手くそということになる。

辞世の句は「月も見て我はこの世をかしく哉」。サヨナラをお月さんにいってかくれますよ。七十三歳の生涯を静かに閉じていった。こっちのほうが名句かもしれない。

161 「沈香《じんこう》も焚《た》かず、屁《へ》もひらず」——平賀源内の天衣無縫 ——一七七九年——

幼少時に天狗小僧《てんぐこぞう》とあだ名された平賀源内は、高松藩の下級藩士に生まれ、長崎や江戸に遊学、その才能を磨き、三十二歳のとき、自由を求めて藩士の身分を辞した。藩主は仕返しに他藩への就職ができないようにしたため、一生を浪人暮らし。天衣無縫の天才にはそっちのほうがかえって好都合で活躍できた。とにかく、儒学・医学・理学・文学・植物学なんでもござれ、の特異な才能発揮は和製レオナルド・ダ・ヴィンチそのもの。

土用の丑《うし》の日に鰻《うなぎ》を食べるとよい、朝鮮人参《にんじん》は特効薬、というのは源内が最初に言い出したことらしい。摩擦起電器（エレキテル）、寒暖計、石綿なども、この人の発明で、江戸の人々はびっくり仰天するばかり。

ただし、この万能の天才はあまり世に評価されなかった。つまらぬことで人と争い、殺傷して獄につながれ、安永八年（一七七九）十二月十八日に牢中で病死した。享年五十一。蘭学者の杉田玄白が記した墓碑銘がいい。「ああ非常の人、非常の事を好む、行これ非常なり、なんぞ非常に死するや」（原文は漢文）。まったく、その一生は万事が非常であった。

ところで源内の最高の名言は、『放屁論《ほうひろん》』後編にある「沈香《じんこう》も焚《た》かず、屁《へ》もひらず」がいちばん。もちろん、皮肉な言葉。今どきの若人よ、平々凡々たる人生を目指すことなかれ。

162 「忠ならんと欲すれば孝ならず」——頼山陽の名文句

一七八〇年

わが中学時代には漢文の授業が週に二時間もあって、みっちりと仕込まれた。いまも忘れられないのが頼山陽《らいさんよう》の『日本外史』。明智光秀の「吾が敵は本能寺に在り」はここから出ている。「光秀、乃《すなわ》ち鞭を挙げ、東を指して颺言《ようげん》して曰く」。また「北条氏の叛逆極まれり。……その家、九世を伝うることを得る。天道無からんや」という名調子。いやでも覚えてしまう。

この山陽が生まれたのが安永九年（一七八〇）十二月二十七日。二十歳のとき、この人は生地の広島藩を脱藩して京都に潜入、間もなく捕らえられて自宅の座敷牢に幽閉された。五年後に自由の身となるが、この間にこの大著の稿を練っていたという。「いいか、頼山陽はそんな若いときからこのような立派な書物を書こうと刻苦勉励していたんだ。おまえたちもボヤボヤしていないでしっかりせよ」と山羊髭《やぎひげ》の漢文の教師にガミガミいわれたのを、まことによく覚えている。肝心の『日本外史』となると、左様、もう一つ、つぎの言葉が今も頭の隅に残る。

これはすでに平重盛《たいらのしげもり》のところで紹介したけれど（六六頁）、もういっぺん。

「忠ならんと欲すれば孝ならず、孝ならんと欲すれば忠ならず。重盛の進退ここに窮《きわ》まる」

平重盛の苦衷を語る調子のいい名文句で、ひねくれ者の山陽どのが、きっと一杯機嫌で書いたものならん、なんてすぐに見破った。呑まんと欲すれば女房に怒られ……。

163 「ひねもすのたりのたりかな」——蕪村は小柄であったか

一七八三年

芭蕉、蕪村、一茶とくると、人それぞれに好みがあろう。私は『一茶俳句と遊ぶ』(PHP新書)という本を書いたくせに、ほんとうのことを言うと、蕪村の俳句のほうが好きである。

「春の海終日《ひねもす》のたり〳〵哉」

〝のたりのたり〟に春の長閑《のどか》さが感じられれば、あなたは詩人の資格をたったいま得た。

ほかにも「いかのぼりきのふの空のありどころ」「うれひつつ岡にのぼれば花いばら」「月天心貧しき町を通りけり」「高紐《たかひも》にかくる兜《かぶと》や風薫る」。

とても江戸時代の人の作ったものとは思えないほどに、繊細で、目のつけどころが濃《こま》やかで、近代的な感覚に満ちている。そして、さっぱりと爽《さわ》やかでもある。その人となりは、酒飲み、芝居好き、食べ物は淡白なものを好んだ。九文八分の足袋を履いていた、というから小男なんであろう。住居は生涯借家、家賃が滞ると、大家に絵を描いて渡した。亡くなったのが、天明三年(一七八三)十二月二十五日。享年六十七。

蕪村の句ではない名言ということになれば、「三日翁の句を唱えざれば、口茨《いばら》を生ずべし」がいいか。芭蕉を心から尊敬していたことがよくわかる。毎日かならず芭蕉の句を復唱していた。学ぶならこれくらい努力すべしということなり。

164 「漢委奴国王《かんのわのなのこくおう》」——金印の発見

一七八四年

とにかく、甚兵衛さんはびっくりして、腰を抜かしたのかもしれない。

天明四年（一七八四）二月二十三日、筑前の国（福岡県）志賀島《しかのしま》の、叶の崎《かなのさき》で甚兵衛さんが鍬《くわ》で田の溝を直していたら、不思議なものを掘り起こした。「貴重なものかも知れん」と、庄屋にとどけでた。報告をうけた黒田藩がのりだし、藩に差し出すことを命じた。そして、藩の学者亀井南冥たちが調査し、『後漢書』の記事の「東夷の委奴国が、遣使によって紫綬金印を賜った」などから、その金印であると判明した。

彫りこまれていたのが「漢委奴国王」の五文字。

その後はつい最近まで、伊都国《いと》のものとか、偽物だとか、いろいろな論議があった。というのも、千年以上も前の、卑弥呼の時代の話なんであるから、この金印は本物といわれたって、信じないほうが自然というもの。偽物のほうに加担したくなるが、いまは『魏志倭人伝』にみえる奴国に与えられた金印と認定されている。

それにしても、古墳でもない田の溝なんかから、副葬品でもない金印がどうして出たのか？ナゾは残る。ことによったら、「委」も「奴」も、ともに文字としては差別的なもの。誇り高い倭人がこんなもの貰《もら》えるか、と怒って放り投げたんじゃないか、と思っている。

165 「死ぬるを忠義という事は……」——『伽羅先代萩』の初上演

一七八五年

戦後、ＧＨＱ命令で追放された歌舞伎演目に『伽羅先代萩《めいぼくせんだいはぎ》』がある。忠義に凝り固まった貞女の鑑はけしからん、という理由で。

鶴千代君を謀殺せんと毒を入れた菓子を、いきなり千松が横どりして食ってしまう。さては悪事露顕かと、一味の八汐がすかさず短刀で千松を刺し殺す。死体を残して一同退場の後で、「あとには一人政岡が、奥口うかがいて、わが子の死骸抱き上げ……」の名舞台になる。そこが貞女たるゆえん。そして、有名なクドキとなる。

「三千世界に子を持った親の心は皆一つ。子の可愛さに毒な物食うなと言って叱るのに、毒と見えたら試みて、死んでくれいと言う様な、胴欲非道な母親が又と一人有るものか」

と政岡は歎きに歎いて言う。

「死ぬるを忠義という事は、いつの世からの習わしぞ」

よくよく読めば、忠義のお化けみたいな話の裏に、こんなに深く切ない慟哭《どうこく》と人間的抗議があるのである。太平洋戦争の記録を書くとき、いつも「死ぬるを忠義という事は、いつの世からの習わしぞ」と叫ぶ日本の母たちの声を、私はそっと聞いている。

ところで名作浄瑠璃『伽羅先代萩』の初上演は天明五年（一七八五）一月とのこと。

166「君と寝ようか五千石とろか」——藤枝外記の心中事件

――一七八五年――

話の中身は阿呆《あほ》くさいのに、うまくつくられたばかりに、文句が、奇妙に永遠のものになりそうな話が、いくつか残っている。豊臣家滅亡ののち、助けられた秀頼夫人の千姫が、男狂いとなって例の「吉田通れば二階から招く……」の、楽しい俗説が生まれたなんて話はその代表か。実際にはそんな事実はない。

これもその一つ。寄合四千石の藤枝外記《ふじえだげき》が、江戸吉原の大菱屋抱え綾衣《あやぎぬ》にぞっこん惚《ほ》れて、毎日のように通いつめる。いくら大身でもこれでは遊興費の工面がだんだんにつかなくなる。その上に、綾衣には身請《みう》け話が持ち上がった。こうなれば、もうやけくそだとばかりに、女を知り合いの百姓家につれ出して刺し殺し、自分も腹を切った。それだけの、まったくの無分別事件なのである。天明五年（一七八五）八月十四日のこと。

しかも哀れをとどめたのは、外記の老母と十九歳の若い妻、それに家来たち。こんなみっともない話を、なんとか外には知られまいと、ひそかに運動したのが悪かった。お上に知れて「怪《け》しからん」とお咎《とが》めを食う始末。それに同情したわけでもあるまいが、名も知れぬ巷《ちまた》の詩人が「君と寝ようか五千石とろか……」と詠んだらこれが大ヒット。四千石を五千石とでっかくしたところがよかったのか。

167 「あまり清きに住みかねて」――松平定信、改革の評価 一七八七年

天明《てんめい》七年（一七八七）六月十九日、疲弊していた白河藩の財政を立て直した藩主松平定信が、三十歳の若さで老中首座に抜擢《ばってき》された。江戸の民衆は拍手をもって迎える。何故ならば、前任者田沼意次《たぬまおきつぐ》の赤字を無視した積極政策と、無茶な汚職癖《へき》のお蔭《かげ》で、民衆はヒーヒーいっていたからである。田沼に代わる松平の登場で、さっそく狂歌が詠まれる。

「田や沼や汚れた御世を改めて清く澄ませや白河の水」

ところが、である。定信の改革はまことにすさまじいものがあった。とにかくご本人は白河藩主になった途端に質素倹約を信条とし、朝夕の食膳は一汁または一菜、衣服は木綿に限り、寝具や駕籠の布団も粗末なものに改めさせる徹底ぶり。その人がやる改革である。改革にはそれぞれが余分な血を流さねばならぬ、とはいわれても、余りに峻厳《しゅんげん》にして急では、庶民はついていけなくなる。

たちまちに、幕府内部からは「やりすぎだよ」の声が上がり、江戸市中には「綱紀粛正、質素倹約で商売は完全に上がったりだ」と不満が噴き出す。途端に、狂歌も変わった。

「白河のあまり清きに住みかねて濁れるもとの田沼恋しき」

まこと、改革は難しいものなんであるな。

168「金もなければ死にたくもなし」――『海国兵談』罰せられる ――一七九二年――

林子平《はやししへい》といえば、「親もなし妻なし子なし板木なし金もなければ死にたくもなし」で知られているが、その著『海国兵談』（これは名著である）にも気にいっている言葉がある。

「江戸の日本橋より、唐、阿蘭陀《オランダ》まで境なしの水路なり。然《しか》るにこれに備えずして長崎のみに備えるは何ぞや」早くいえば「隅田川の水はテームズ川に通ず」

四辺海なる日本の特質を見事に言い表した文章。阿蘭陀すなわちオランダのみが長崎港に出入りするだけの、鎖国政策の愚を鋭く突き、海防の重要性を訴えたもの。当然、幕府のお歴々の怒りを買った。松平定信は「いまにも外国が攻めてくるような不埒《ふらち》の説を唱える者」というわけで、『海国兵談』を発禁にし、林を厳罰に処した。寛政四年（一七九二）五月十六日のことである。しかし、子平は「忌諱《きい》を顧みずして有りのままを言うは不敬なり。言わざれば不忠なり」と弾圧を恐れずにいい、「とにかく肝心なことは、わが国を外国勢力が虎視《こし》眈々《たんたん》と狙っているということです」と主張しつづけていた。いつの世にも先駆者は悲惨である。

やがて江戸の獄を出た彼は、兄のいる仙台の家に預けられ、そして一年後に没した。享年五十六。その半年後、ロシアの船が日本を脅かし出した。つづいてアメリカも……。島国日本はいつまでも泰平の夢をむさぼってはいられなくなった。

169「天下の人によろしく」——高山彦九郎の自刃

一七九三年

京都の三条大橋のたもとにこの人の銅像がある。はるかに御所を伏し拝んでいる。俗謡にも登場し、〽人は武士、気概は高山彦九郎……なんて歌われている。〽京都三条の橋の上、落つる涙は加茂の水サノサ、というわけである。

この高山彦九郎が九州は久留米で自決したのが寛政五年(一七九三)六月二十七日。享年四十七。

熱狂的な、先駆的な尊皇主義者であった。前項で書いた林子平にいわせると、「とにかくよく泣いた男」であったという。感激家というところか。日本全国といってもいいくらいに、諸国を遊説して京都へ戻る生活をつづける。当然、幕府に睨《にら》まれることになるが、自殺の原因が幕府の圧力、とはかならずしもいえないようである。九州へ渡ったのも熊本藩と薩摩藩との同盟の仲介を目的としたが、みずから「狂気なり」と豪語するほどに、その過激な思想はついに受け入れてもらえない。で、絶望して、という説もある。

死にのぞみ「身体を京都の方へ向けてくれ」といい、そうしてやると、彦九郎は端然として柏手《かしわで》をうち、長々と遥拝《ようはい》して、それからいった。「天下の人によろしく」と。この最後の言葉だけは、激情が感じられず静かでよい。

170 「目明きは不便なものなり」——塙保己一の和学講談所

一七九三年

七歳で視力を失った塙保己一《はなわほきいち》は、十五歳で江戸に出て鍼《はり》医術を学ぶとともに、賀茂真淵《かものまぶち》や萩原宗固《はぎわらそうこ》たちを師として、国史・古典・古代制度を修学した。こうして江戸後期の国学者として名を成した保己一は、実に四十余年をかけて『群書類従《ぐんしょるいじゅう》』を編纂《へんさん》する。これは日本史や国文学の研究には欠かせない史料になり、一万七千二百四十四枚の版木は、東京・渋谷の「温古学会」に保管されている。

この刻苦勉学の保己一が、江戸・麴町六番町に和学講談所を開き、門弟たちと史料の会読による国学の研究会をはじめたのが、寛政五年（一七九三）十一月九日。何のことかと思う人のために講釈すれば、この和学講談所の事業が、明治新政府に受け継がれて『大日本史料』『大日本古文書』編纂事業となり、いまの東京大学史料編纂所に継承されている。要は諸学問の研究に史料・資料がいかに大切かを教えてくれた最初の人。

この大きな研究事業を成しとげた、農家出身で目の不自由なこの人のいい言葉がある。『源氏物語』の講義をしているとき、風が吹いてきて灯火をすべて消してしまった。受講中の人たちが「先生、待って下さい。いま明かりが消えていますので」と言うと、「暗くなると見えないなんて、目明きは不便なものなり」

171「火事と喧嘩《けんか》は江戸の華」——実説・め組の喧嘩

一八〇五年

講談や芝居でおなじみ〝め組の喧嘩《けんか》〟は文化二年（一八〇五）二月十六日に実際にあったもの。怪力で名高い雷電為右衛門《らいでんためえもん》の『雷電日記』にある。「二月九日初日にて、天気あいよろしくして十六日まで七日相撲取り申し候ところ《そうろう》、め組の者、九龍山と申す相撲人と神明地内の内に少々のことこれ有り候」。つまり芝神明境内で行われていた芝居見物の際に、め組の鳶《とび》の者と九龍山とが口論となり、どっちも大勢の助っ人が繰り出し、大喧嘩になったというわけ。

ついでにいえば、火事と喧嘩は江戸の華という。事実は、寛永期に老中だった永井尚政の語ったという「火事は江戸の恥」に反発して、負け惜しみの強い江戸っ子が「恥じゃねえ、華だ」と言い換えたのがそもそも。ま、それはともかくこの大喧嘩は江戸っ子の血を沸かせた。

芝居と違って、喧嘩は力士のほうが優勢であった。そのあとの裁判も、「御上様にても相撲人おとなしき仕方に候につき、御ほめになり、相撲人にはなんの咎《とが》めもこれ無く候」と雷電も嬉《うれ》しそうに書いている。鳶の者が「喧嘩だ、喧嘩だ」と、半鐘を打ち鳴らして騒ぎを大きくしたのが、奉行の心証を害したものらしい。

ところで、この場所の星取表……優勝は雷電で全勝、九龍山は三勝四敗で喧嘩のあとは、「ややや」

172「弥陀《みだ》めに聞けば嘘《うそ》のかたまり」――木喰上人、羅漢像を彫る

一八〇六年

木喰行道上人《もくじきぎょうどうしょうにん》の年譜にある。文化三年（一八〇六）十二月二十日、丹波国船井郡諸畑村清源寺において十六羅漢《らかん》像を完成。阿氏多尊者像《あしたそんじゃぞう》に「明満仙人《みょうまんせんにん》」と記す、と。それで、木喰の十六羅漢さんとして有名な像が造られた年月日がわかるわけである。

ところで、もともと肉類や五穀を食べず、木の実や草などを食料として修行する、その修行をつづける高僧が木喰上人となる。したがって何人もの木喰さんがいるわけで、ここに示したのは特異な様式の仏像を彫刻して、庶民教化につくした行道明満のこと。越後長岡にも訪れて、上前島町に六十数体の像を残していってくれた。終戦直後、信濃川で泳いでいるその町のチビ公どもが、浮輪がわりに木喰仏を抱いていたのを覚えている。見間違いであったろうか。

この木喰さんに実に楽しい歌がある。宗教歌なんであるが、ご紹介する。

仏法にこりかたまるもいらぬもの、弥陀《みだ》めに聞けば嘘《うそ》のかたまり

長談議へたりへたりと長座かな、いびきをかいて居眠りぞする

念仏に声をからせど音もなし、弥陀と釈迦とは昼寝なりけり

夢の世をゆめで暮らしてゆだんして、路銭を見ればたった六文

荒削りながら心を打つ木喰仏を偲《しの》ばせるような、豪快な歌ではあるまいか。

173 「世帯かしこきは口さがなく」——上田秋成のリアリズム　一八〇九年

上田秋成とくれば、おっかないお話でいっぱいの『雨月物語』ということになる。たとえば「青頭巾《あおずきん》」という話。死なれた悲しみで愛する稚児を食べてしまった僧がいる。やがて食人鬼となって、里へ出て村人を襲うようになる。何とかしようと、ある高僧が山に登り、頭巾をぬいで証道歌を吟じる。一年後、ふたたび山に登ると、蚊の鳴くような声で食人鬼がその証道歌を吟じていた。そこで高僧が一喝した。すると食人鬼はバラバラと崩れて骨だけになってしまった。

その「青頭巾」の名言、「心放せば妖魔となり、収むるときは仏果を得る」。人間は心をゆるめて放っておけば妖魔となるが、しっかり引き締めれば仏になることができる。如何《いかが》なものか。現代的リアリティのある話ではあるまいか。秋成の才能のすごさが知れる。

他の名言もある。「容色がよければ手ずつなり。世帯かしこきは口さがなく、縫い針好むは尻《しり》おもたし」（美人であれば不器用である。家の切り盛りがうまいのは陰口悪口をし、縫い物を好むのは尻が重くものをテキパキとしない）。であるから、女房をいくら代えても無駄。ほどほどで我慢せよ、そう秋成は言う。

文化六年（一八〇九）六月二十七日没。享年七十五。

174 「夜三交《よるさんこう》」——俳人一茶の新婚日記

——一八一六年

いささか不謹慎な話を今回は書く。あまり深く詮索《せんさく》せず読んでほしい。

「十五日　晴　夫婦月見　三交」「十六日　晴　白飛に十六夜せんと行に留守　三交」「十七日　晴　墓詣　夜三交」「十八日　晴　夜三交」「十九日　晴　三交」「二十日　晴　長嘯来る　三交」「二十一日　牟礼雨乞　通夜大雷　隣旦飯　四交」（以下略）

何のことか。文化十三年（一八一六）八月の俳人小林一茶の日記である。白飛は竹本白飛、長嘯は北山長嘯で、共に俳人仲間。二十一日の「隣旦飯」とは隣家から朝飯を頂戴した、ということ。要するに、この二年前に、一茶は齢《よわい》五十二にして生まれてはじめて、二十八歳の嫁さんを貰《もら》った。「今年春漸《ようや》く妻を迎え、我身につもる老を忘れて、凡夫の浅ましさに、初花に胡《こ》蝶《ちょう》の戯《たわ》むるるが如く、幸あらんとねがうことのはずかしさ」というわけ。

二年たっても新婚といえるかどうかはともかくとして、「交」が何を意味するか。よろしくお察し願いたい。

「痩蛙《やせがえる》まけるな一茶是《これ》に有《あり》」。これだって蛙角力に仮託したおのれへの声援の句なんである。

『おらが春』のなかの心を打つ一茶の歌を。「親のない子はどこでも知れる、爪をくわえて門に立つ」。早く生母に死なれたおのれの幼時の悲しげな姿がよく表されている。

175「精神の注ぎ候ところ」――「伊能図」の幕府献上

――一八二一年――

伊能忠敬《いのうただたか》が天文学と測量を本格的に学びはじめたのは、五十歳を過ぎて隠居し江戸に出てからのことという。もちろん、それ以前に伊能家には沢山《たくさん》の蔵書があり、独学で基礎を身につけていた。とはいえ、人生五十年の時代のこの決意、これからの日本人の大いに学ぶべきところ。しかもこの五十の手習いは、ただの道楽ではなかった。

忠敬の最高の業績である日本最初の実測地図「大日本沿海輿地《よち》全図」、いわゆる「伊能図」は、自分で考案した器械で日本中をめぐり歩いて実測して制作したもの。歩いた距離は地球約一周分に相当する。残念ながら未完のままに、忠敬は文政元年に没したが、その事業は門弟たちによって受けつがれ、三年後の文政四年（一八二一）に完成した。そしてその年の九月四日、幕府に献上された。

彼のいい言葉がある。

「精神の注ぎ候ところより自然と妙境に入り、至密の上の至密をも尽くし候」

一言でいえば、一つのことに精神を集中せよ、ということである。そうすることで、自然にやっていることが面白くなり、どんどん深遠の域にまで達していくものである。あれをやったり、これをやったりではアカンというわけ。まさに、然りと思う。

176 「蚊ほどうるさきものはなし」――大田南畝の風刺精神　―一八二三年―

文政六年（一八二三）四月六日、大田直次郎こと大田南畝《なんぽ》が死んだ。享年七十五。と書いても、いまどきはだれのことやらと思う人が多かろう。別名を蜀山人《しょくさんじん》または四方赤良《よものあから》という、とすれば、そうか、面白おかしい狂歌ばかり詠んだ江戸っ子の粋人《すいじん》だ、と思いあたる方も多いか。本人は俺《おれ》の作でないと懸命に否定しているが、松平定信の政治を風刺した「世の中に蚊ほどうるさきものはなし文武というて夜も寝られず」が有名である。もう一つ、ただし辞世の一首「これまでは他人事だと思うたに今度は俺かこれは迷惑」。いや、もう一つ、「雀どのお宿はどこか知らねどもちつちよとござれささの相手に」（ささ＝酒と笹）。

　こんな風であるから、この人はややもすれば浮世を屈託なく愉快に送った人と思われがちである。が、どうしてどうして勤勉な幕府の役人であったばかりではなく、広範な学識をもつ学者であり、読書家であり、愛書家としても第一級の人物であった。それで、彼の狂歌は学の裏付けのある鋭利でユーモラスな作として、喝采《かっさい》を博したのである。

　たとえば南畝の作「眼と口と耳と眉毛のなかりせば　はなよりほかに知る人もなし」。これには裏に百人一首の「もろともにあはれと思へ山桜　花よりほかに知る人もなし」がある。原歌の「あはれ」は一転して「高笑い」になっている。まさにこの人の真骨頂がある。

177 「首が飛んでも動いてみせる」──『東海道四谷怪談』の初演 ──一八二五年

昔は夏になるとヒュードロドロのお化け映画が必ず作られて、観《み》るものの背筋に冷たいものを走らせた。とにかく怖かった。さすがの悪ガキも肝っ玉を縮み上がらせ、思わず目を覆って画面を観ないようにしたものである。なかでも四谷怪談のお岩さんはおっかなかった。髪を梳《す》くと、バラバラと抜け落ちて血をしたたらせ、顔は醜く腫れ上がって、凄絶《せいぜつ》な形相に変わる。

「エエ、恨めしい。なんで安穏におくものか」ヒュードロドロ……。

なんて話をいまどきの子供にすると、頭から馬鹿《ばか》にされる。IT革命の時代にお化けの出現を信じるなんて、爺《じい》さんは嫌だねえ、とつい先日もいわれた。

でも一つの話題としてとりあげる。文政八年(一八二五)七月二十六日は、江戸中村座で『東海道四谷怪談』がはじめて上演された日である。作者は鶴屋南北を中心にした人たち。民谷伊右衛門という徹底した悪い男、芝居を長引かせるために、死霊に悩まされながらなかなか死なない。そして、「首が飛んでも動いてみせるワ」とうそぶく。これがまことに名セリフであった。

ただし、このセリフは南北の原作にはない。のちの『いろは仮名四谷怪談』で大受けに受け、今は伊右衛門がこれを言わないとおさまらなくなっている。

178「地獄の上の花見かな」――小林一茶の人生観

一八二七年

好みの人ゆえにまた登場させるが、文政十年（一八二七）十一月十九日、俳人の小林一茶は故郷の信州柏原で世を去った。享年六十五。句に「是《これ》がまあつひの栖《すみか》か雪五尺」というのがある。「つひ（終）の栖」は息をひきとるまでの最後の住まい、まさにその栖で死んだ。

最期を看取ったのは三番目の妻のやを。当時三十三歳の彼女の胎内には子供があって、翌年に生まれている。一茶どのは例によって六十歳を過ぎても旺盛《おうせい》であったらしい。羨《うらや》ましい限りである。その辞世の句として、伝説的に「盥《たらい》から盥へうつるちんぷんかん」と「ああままよ生きても亀の百分一」の二句が伝えられている。後者のほうが面白くていいか。

晩年の句は新味も、工夫もみられなくなった。が、それでも洒脱《しゃだつ》にして執念の人らしく、いい句がいくつも残されている。「大根を丸ごとかじる爺《じじい》かな」。そして「世の中は地獄の上の花見かな」「花の陰寝まじ未来が恐しき」。毎日をいい気になって暮らしているが、所詮、この世は短く、明日は地獄へ逆落とし。そう思うと、安楽な気分で今夜寝るのも恐ろしい、明日が来ないんじゃないか。なんて、彼の人生観がよく出ている。

なかでも「淋《さび》しさに飯をくふ也秋の風」。秋風に吹きさらされながら飯でも食うよりほかない淋しさ。この句には、あてのない絶対的な孤独感がにじみでている。

179 「死ぬ時節には死ぬがよく候」——良寛さんの死 一八三一年

良寛さんというと、だれもが思い浮べるのは、子供たちと輪になって、愉《たの》しげに毬《まり》をつく姿であろう。ほかにも、狸《たぬき》寝入りをして泥棒に自由に物を盗ませたとか、迷子を探してやっと見つけたら、そのまま迷子と一緒に藁《わら》のなかで眠ってしまったとか、天真爛漫《らんまん》なエピソードもいっぱい。この禅僧は、とびぬけて多くの人に親しまれている。越後の良寛ではなく、日本の良寛となっている。

長岡中学校時代、市内福島の小庵跡を訪ね、「朝げたくほどは夜のまに吹きよする落葉や風の情けなるらん」の歌碑を眺め、なるほどネ、とえらく感服した覚えがある。が、その生涯については不明な点ばかりが多い。はっきりしているのは、天保二年(一八三一)一月六日、貞《てい》心尼《しんに》にみとられつつ、七十四歳でこの世を去った、ということだけである。

「うらを見せおもてを見せて散るもみじ」

と、死にのぞみ貞心尼に示した一句は心にしみいるようないい句である。が、わが好みの名言は、大地震のあと、知人にあてて無事であることを報じた手紙の「災難に逢《あう》時節には、災難に逢がよく候《そうろう》。死ぬ時節には、死ぬがよく候。是《これ》ハこれ災難をのがるる妙法にて候」である。ここまで達観したいもの。

180「煙とともに灰左様《はいさよう》なら」――十返舎一九の華麗な死　一八三一年

伝説的な話が残っている。いよいよの時となって、門弟たちを大勢集め、「俺が死んだら、死体は絶対に湯灌《ゆかん》にするな、死んだまま、棺桶《かんおけ》に入れろ」と遺言した。門弟たちはそのとおりにしようと、棺桶に入れ火葬場に運び、荼毘《だび》に付そうと、棺桶に火をつけた。突然、大音響とともに、花火がシュルシュルと打ち上がった。そして中空でパーンとはじけ、大輪の菊が広がったというのである。この人自身が死ぬ前に、ひそかに花火を胴に巻きつけておいたのである。

そして、得意の狂歌が残されている。

「この世をばどりゃおいとまにせん香の煙とともに灰左様《はいさよう》なら」

十返舎一九《じっぺんしゃいっく》、といっても分からない方には、『東海道中膝栗毛《とうかいどうちゅうひざくりげ》』の弥次さん喜多さんの物語の作者である、といえばお分かりであろう。天保二年（一八三一）八月七日が命日である。

ところが、実は、この人はそんな奇想天外な作家ではなかったらしい。生真面目そのものの人。ある人が一九と一緒に旅をして、面白おかしく滑稽な毎日を期待していたら、一九は無口で道中の間じゅうメモをしつづけてばかりいたという。人をぜんぜん認めなかった滝沢馬琴が「戯作一途《げさくいちず》の仁」と褒めたのもむべなるかな、ということになる。

181「死にとうない」——仙厓和尚の呟き

一八三七年

越後に良寛あれば、博多に仙厓《せんがい》ありで、正直に自分自身を曝《さら》した達人の生き方は、われらケチくさい人生を送っているものには、まこと羨望に堪えない。とくに聖福寺の禅僧仙厓義梵《ぎぼん》の天衣無縫ぶりは、知れば知るほど楽しくなる。

たとえば、達磨の画を描いてそこに「九年面壁いやな事」と賛を入れ、人のびっくりするのに平気の平左。あるとき、新築の家へ呼ばれ一筆を乞われた仙厓は「ぐるりッと家をとりまく貧乏神」と書いた。縁起でもないと青ざめる主人や客。仙厓はニコニコしながら、「七福神は外へ出られず」。こんな風にガッチリ固まった封建の世の形式主義と対決し、常に洒脱な人間の妙味を撒き散らして生き抜いた。

天保八年（一八三七）十月七日、享年八十八で入寂するとき、枕辺の弟子たちに言った最期の言葉が、この和尚さんらしくていい。

「死にとうない」

この達人的禅師にしてこの言葉、聞き違えであろうと弟子が口許に耳を寄せると、仙厓はニコリとして、「ほんまに、ほんまに」と付け加えた。最後まで性根を剝き出しにして生きたといえる。羨ましい。

182 「葬《ほうむ》るに分《ぶん》を越ゆるなかれ」——二宮尊徳、幕臣になる

——一八四二年——

戦前に教育を受けた人なら、学校の校庭のいいところ、たとえば朝礼台の横にあった二宮金次郎の銅像が、すぐに思い出せるであろう。薪《たきぎ》を背負い、櫛風沐雨《しっぷうもくう》にさらされつつ、読書をやめようとはしなかった。または小学校唱歌「柴刈り縄ない草鞋をつくり、親の手を助《す》け弟《おとと》を世話し、兄弟仲良く孝行つくす、手本は二宮金次郎」……かくのごとくに、「手本は二宮金次郎」とことごとに言われ、悪ガキ時代、「復習と予習と親の手伝いと、いっぺんは無理だ」と言い、教師の拳骨《げんこつ》をしたたか食らった思い出がある。

この二宮金次郎こと尊徳先生が幕臣に取り立てられたのが、天保十三年（一八四二）十月六日。ときに五十六歳。荒れ地を開拓して豊かな農地にするなど、これまでのすぐれた農政家としてのこの人の手腕に大いに期待がかけられたのである。たしかに、豊富な農業知識に基づく合理主義の生産活動は、時代の先端をいっていた。それと質素倹約、勤勉第一、天地の恵みに対する報徳思想とその生き方は、多くの人々の心を打った。「手本」となるのも当然のことであると、いまになって知る。悪態はスマンことであった。

逝去は安政三年（一八五六）十月二十日。享年七十。最期の言葉がいい。

「葬《ほうむ》るに分《ぶん》を越ゆるなかれ。ただ土を盛り、わきに松か杉を一本植えれば足る」

183「世の中の厄をのがれて元のまま」──滝沢馬琴の辞世

──一八四八年──

現存する世界第一の長編小説は何か？　恐らくは滝沢馬琴《たきざわばきん》の『南総里見八犬伝《なんそうさとみはっけんでん》』ということになろう。ただし、出来具合は問わないことにする。和漢混淆《わかんこんこう》、雅俗折衷《がぞくせっちゅう》、荒唐無稽《こうとうむけい》で波瀾万丈《はらんばんじょう》の筋書き。名文なのか駄文なのか、読んでいるとどっちだか分からなくなる。

「いにしえの人いわずや、禍福《かふく》はあざなう縄のごとし。人間万事往《ゆ》くとして、塞翁《さいおう》が馬ならぬはなし。そは福の倚《よ》る所、彼《かれ》にあれば此《これ》にあり、と思えどもかねてより、誰《たれ》かよくその極を知らん」

人生、何が幸せで何が不幸かわからない、とこれだけをいうのに、ざっとこんな具合である。いかがなものか。こんな調子で、馬琴は四十八歳から二十八年の歳月をかけて書き上げた。栄養失調で失明した後は口述するのを息子の嫁に筆記をさせて、苦闘しつつ完成したのである。その熱情のほどは人間離れをしている。

嘉永元年（一八四八）十一月六日に死んだ。享年八十二。辞世「世の中の厄をのがれて元のままかえすは天《あめ》と地《つち》の人形《ひとがた》」。厄とは、延々と書かねばならぬ著作生活の「役目」の意と、そのものずばりの生きねばならぬ災難の意がある。そこから逃れてやっと生まれる前の元の姿に戻れると詠んだわけ。生きているのが重荷であったと、天下の大作家の馬琴は嘆いている。

184 「百歳にして正に神妙」――葛飾北斎の大往生　一八四九年

とにかく絵描《えか》きさんは長生きである。ピカソ九十一歳、シャガール九十七歳、ミロ九十歳、奥村土牛百一歳、梅原龍三郎九十七歳、横山大観八十九歳。そして嘉永二年（一八四九）四月十八日、「富岳百景」でよく知られる浮世絵師の葛飾北斎《かつしかほくさい》が、最期の言葉「天、我をして五年の命を保たしめば、真正の画工となり得べしものを」と、「人魂《ひとだま》でゆく気散じや夏の原」の辞世とを残して世を去った。ほんとうは「天、我をして十年の命を長うせしめば」といったのを、「いや五年」といいかえたという話もある。これが九十歳。人生五十年が相場のころの九十である。どこにその秘密があるのか。

東京は下谷の誓教寺に、北斎の墓を詣《もう》でて、「何故なんでしょう」と尋ねてみた。もちろん返事はなかった。帰宅して「富岳百景」をパラパラしたら、その跋文《ばつぶん》で北斎が書いている。自分は六歳のころから絵を描いてきたが、七十歳までの作品はとるに足らない。いま七十三歳になって、ようやく、描くものの生命の在りかがわかってきた、としたうえで、

「九十歳にして猶《なお》その奥義を極め、一百歳にして正に神妙ならんか」

と元気いっぱいなんである。要は気の若さを永遠に保つことよと、北斎が答えてくれたような気がした。

185「蘭学を業として蘭学に死す」——高野長英の心意気

一八五〇年

蘭学者《らんがくしや》にして医者の高野長英は江戸青山の隠れ家で、嘉永三年（一八五〇）十月三十日（一説に十一月十九日とも）、幕吏に囲まれ自決した。享年四十七。幕末のもっとも開明的な文化人の彼は、天保九年に『戊戌夢物語《ぼじゆつ》』を書き幕政を批判したため、いったんは投獄された。が、弘化二年（一八四五）に出火に乗じて脱走、沢三伯の偽名で地下活動をつづけていたのである。地下に潜ること五年は、この人の蘭学研究が正しいとする信念に基づいている。

そのいい言葉を少々長く引用する。

「しいてこの学をなすは、その言う所《ところ》実理ありて、業とする処《ところ》に利あればなり。何ぞかかる芽出度《めでた》き神国を棄《す》て、冱寒《ごかん》不毛の西洋を慕い、西夷《せいい》に従わんや。しかれども蛮学《ばんがく》を憎むの輩、往々そしるにこれをもって名とす。……けだし蘭学を業として蘭学に死し、忠義の事を致して忠義の事に死せば、理において恨むる所なく、義において恥ずる処なし」

蘭学に精出すのは、合理があり利があるからである。といって、われは日本国を捨てるつもりはないと、時代に先駆ける学問をする人の心意気が、見事に示されている。それにつけても、ちかごろの評論家に国籍を疑いたくなるような御仁がいる。と、われは蘭学を業とするが、日本男子なり、という長英のこの言葉がふと思い出されたりする。

186「善《よ》き日でござる」――ジョン万次郎の帰国

――一八五一年――

「夜明けになると風雨がやんだ。磯の向こうの陸地には民家が見え、民家の庭さきにはミカンの木が植えてあった。……一軒の民家をおとずれて、この部落の地名をたずねると……さっぱり言葉が通じない。長らく海外にいる間に、日本語を忘れたかも知れぬ」

嘉永四年（一八五一）一月二日、土佐の漁師の中浜万次郎（ジョン万次郎）が十年ぶりに、琉球の浜辺に上陸したときのことを、井伏鱒二は小説に描いている。

いまから考えると、黒船の来る二年前の、万次郎のこの帰国は大袈裟《おおげさ》にいえば日本の近代化を、四、五年ぐらい促進したといえる。日本にはじめてアメリカ英語を正式に紹介し、のちに日本を背負う人びとはすべて万次郎の門を叩《たた》いた。日本最初のアメリカ語会話書を造ったのもこの人。たとえば「Good day sir」が「善《よ》き日でござる」と訳されている。さらに遣米使節の通訳として持ちかえったお土産は、写真機とミシンと沢山《たくさん》の書物。ジョン万次郎のもたらしたものはまことに大きい。

伊豆の韮《にら》山の江川太郎左衛門屋敷に「民々亭」という額が掛かっている。万次郎が教えた「人民の人民による人民のための政治」に感動した太郎左衛門が書いたものという。昔これを眺めながらその因縁を知らされ、先達としての万次郎に深々と敬礼したものであった。

187「お釈迦さまでも気がつくめえ」——歌舞伎芝居「玄治店」の初演｜一八五三年｜

むかしは新和泉町、いまの東京・人形町三丁目、人形町交差点のやや北に「史《し》蹟《せき》玄治《げんや》店《だな》」の石碑が建っている。つまり、お富・与三郎が再会の、芝居でいう「源氏《げんじ》店《だな》」の跡である。明治百年を記念して地元の町内会が建てたものという。

「しがねえ恋の情けが仇……慣れた時代の源氏店、そのしらばけか黒塀に、格子造りの囲いもの、死んだと思ったお富たァ、お釈迦さまでも気がつくめえ。よくまァおぬしは達者でいたなァ」。誰もが一回はうなりたくなる、ご存じの名せりふ。歌謡曲「お富さん」が一世を風靡、〽粋な黒塀、見越しの松に……でさらに有名になった。

この話は、実話で、それを題材にはじめは講談にされたそうな。それを三代目瀬《せ》川《がわ》如皐《じょこう》によって歌舞伎芝居に書き直された。『与話情浮名横櫛《よはなさけうきなのよこぐし》』で、これが初演されたのは嘉永六年（一八五三）三月中旬、八代目市川団十郎が与三郎、四代目尾上菊五郎がお富を見事に演じた。

ところでこの芝居、のちに通し狂言となって、あまりに長すぎて全部上演されたことがない。結末がどうなるのか、知る人は少ない。簡単に書いておけば、お終いはハッピーエンド。切られの与三郎の表看板たる十文字の傷あとまでが秘薬で消えてしまうのであるから、恐れ入る。で、芝居はもっぱら源氏店だけが上演される。

第八章　幕末・維新

揺れ動く「攘夷と開国」

188 「たった四《し》はいで夜も眠れず」——ペリー、浦賀に来航

一八五三年

アメリカ海軍の東インド艦隊司令長官M・ペリー提督の率いる軍艦は四隻であった。二隻が蒸気船、二隻が帆船。けれども、いずれも真っ黒な鉄板が舷側《げんそく》に張られている。そして口径の大きな大砲が威嚇的《いかくてき》に空を睨んでいる。獰猛《どうもう》な黒い獣のように。

米艦隊は大島を右に見ながら相模湾を横切り、三浦半島に近づいていく。ペリーはこのとき戦闘準備を部下に下命する。「特異にして孤立した人民を、文明国民と親しませるために」とペリーは言ったが、必要とあれば、武力を行使する権限を大統領から与えられている。知られていない話であるが、ペリーは白旗二本を用意し、日本側に突きつけ「全面降伏したいときこれを掲げよ」と言い放つ。まさしく〝砲艦外交〟を地でいったのである。しかし、ペリーはおそらくその必要はあるまいと考えていた。それまでに山ほども日本に関する書物を調べて、この民族は圧倒的な力で押しつければ服従する、と読みきっている。午後五時ごろ、艦隊は浦賀港に入って投錨《とうびょう》した。嘉永六年（一八五三）六月三日のこと。

日本はその軍艦四隻でびっくり仰天した。あまりにも有名な狂歌、「泰平の眠りを覚ます蒸気船たった四《し》はいで夜も眠れず」と自嘲《じちょう》したが、まさしく鎖国二百六十有余年の惰眠を叩《たた》き起こされたときである。日本の近代化はこの日にはじまるのである。

189 「メリケンに行かんと欲す」――吉田松陰の知識欲

一八五四年

　幕末の日本人はみな若くして志をたて、一途に突き進んだ人が多いが、なかでも吉田松陰は傑出している。彼が金子重輔とともに、鎖国による禁断の海に漕《こ》ぎ出したのは、嘉永七年（一八五四）三月二十八日午前二時。禁じられている海外渡航の夢の実現のために、彼らは力いっぱい櫓《ろ》を漕いだ。それは近代日本への夜明けをこちらから迎えに行くという猛烈なる闘志の現れであった。松陰はときに二十四歳。

　しかし、夢は成らず。ポーハタン号に乗り込み、「メリケンに行かんと欲す」と漢文の筆談でねばったが、士官は国際法をやさしく説き、結果としては拒否された。送り返され松陰は自首せざるをえなくなる。

　ちなみに、松陰は決して悲憤慷慨《ひふんこうがい》の士なんかではなかった。柔和にして温厚の人、酒も飲まず、煙草も吸わず、壮語高言もせず、真面目一方の人。それで、アメリカ側の記録『遠征記』にはこうある。「日本人の強い知識欲の証拠」として受け止め、「彼らは知識を広くするために厳しい国法を冒し、死の危険を辞さなかった」と記し、「日本人のこうした傾向の中に、この国の希望にみちた前途が開けている」と讃《たた》えている。

　いまの日本にこの気概は失われてはいまいか。

190「人生の得失あに徒爾《とじ》ならんや」——安政の大地震と藤田東湖

一八五五年

歴史に残る安政の大地震が起きたのは安政二年（一八五五）十月二日の夜四ツ時（午後十時）。

「細雨《さいう》時々降る。夜に至りて雨なく、天地朦朧《もうろう》たりしが、亥《い》の二点大地震に震うこと甚《はなは》だしく、たちまちにして大厦《たいか》高牆《こうしょう》を顚倒《てんとう》し、倉廩《そうりん》を破壊せしめ、その傾きたる家々より火起《おこ》り、熾《さかん》に燃上《もえあが》りて黒煙天を翳《かげ》らしめ、多くの家屋資材を焼却す。死者六千六百四十一人、怪我人《けがにん》二千七百五十九人」と、当時の記録書にある。こうした記事で読むほうが、当時の江戸庶民の恐怖が伝わってくるような気がする。

実は死者は二万五千人を超えていた。このとき、水戸学の大御所の藤田《ふじた》東湖《とうこ》が、母を背負って避難しようとし、建物の下敷きになって死んでいる。享年五十。

「三たび死を決してしかも死せず、二十五回刀水《とうすい》を渡る。五たび閑地を乞うて閑を得ず。……邦家の隆替《りゅうたい》偶然に非《あら》ず。人生の得失あに徒爾《とじ》ならんや」

あるいは戦時下に無理にも記憶させられた「正気歌《せいきのうた》」の、「天地正大の気粋然として神州に鍾《あつま》る、云々」あるいは「神州孰か君臨す、万古天皇を仰ぐ、云々」のほうが有名か。

こうした東湖の人を叱咤《しった》するような言葉が残され、それらが勤皇の志士たちを大いに奮起させたのであるが。それにしても「神州」なんて、久し振りに書きながら手が震えるな。

191「日本人はもっとも優秀」──ハリスの下田上陸

一八五六年

下田奉行は仰天した。軍艦サン・ゼシント号から下りてきたアメリカ人が「ワタシハ総領事ノはりすデス」と名乗ったのである。安政三年（一八五六）七月二十一日のこと。二年前に結んだ和親条約では、「一方が必要と認めたときには、外交官を派遣できる」と記されてあった。なんと、日本文だけその「一方」という字が落ちていた。エッ、とびっくりしたってもう遅い。初代総領事のタウンゼント・ハリスは条約をたてにして、下田の町に入ると、玉泉寺を宿舎として星条旗を高々と掲げたではないか。奉行は早馬を江戸に飛ばすだけで、ほかにどうしようもない。正式な日米外交の初日ということになろうか。

ハリスは有能な外交官らしくなかなかに愛想《あいそ》がいい。その『日記』には、「日本人の風采《ふうさい》と儀容《ぎよう》にたいへん感服した。喜望峰《きぼうほう》より東の国の中で、日本人はもっとも優秀な国民であることを信じて疑わない」

ほんとうにそう思ったのかどうか、問わないことにしよう。

また、ハリスとくれば唐人お吉。晩年に人々にさげすまれ投身自殺の哀れさ、なんであるが、ここでは割愛する。開国期の日本最大の悲劇的な女性であるが、その一生はのちの世の同情もあって、伝聞収集で作られたものですべて分明ならざるゆえに。

192 「焼くな埋めるな野に捨てて」——安藤広重のイキな死

——一八五八年——

「東海道五十三次」の絵、といえば、安藤広重の名を思い浮かべる人は多いであろう。発表は彼の三十八歳のとき。どうやって描いたのか。幕府から朝廷へ献上される馬に乗って京へ上がり、その折にいちいちスケッチしたものを基にして、ということになっている。

が、その説にいくらか疑いをもっている。何故か？　実は、彼は江戸八重洲河岸に住居をもつ三十俵二人扶持《ぶち》の定火消同心《じょうびけしどうしん》というレッキとした武士であるから。つまり、二十七歳まで二足のわらじをはいていたわけで、いくら天才の名が高いとはいえ、権威を重んずる幕府が元火消同心の京への使者の同行をあっさり許すとは、とても思えない。

で、本当は旅には出ないで描いた、という説のほうを面白いから採ることにしている。そっちのほうが広重の天才性がいよいよ確定的になるではないか。ただし、広重その人は、北斎の富士は単に素材として描かれただけ、たいして自分の富士は「まのあたりに眺望せし其儘にうつし置きたる草稿を清書せし」と言っているのであるが。

その天才画家が「死んでゆく、地獄の沙汰はともかくも、あとの始末は金次第なれ」「我死なば、焼くな埋めるな野に捨てて飢えたる犬の腹をこやせよ」と遺言して世を去ったのが、安政五年（一八五八）九月六日。享年六十一。この画家は長生きとはいえないのかな。

193「天下何《なん》ぞ為《な》すべき時なからむ」——橋本左内の処刑

一八五九年

世にいう安政の大獄とは、安政五年九月、梅田雲浜《うめだうんぴん》たちの捕縛《ほばく》をもってはじまった。翌六年（一八五九）八月二十七日になって、水戸斉昭の禁固、一橋慶喜らの隠居をはじめ、尊皇派の志士たちの処刑が開始される。とくに、十月七日の頼三樹三郎《らいみきさぶろう》、橋本左内《はしもとさない》らの死刑、同二十七日の吉田松陰の処刑が、多くの人々を悲憤させた。怨嗟《えんさ》の声は日本中を駆けめぐり、これがついには井伊直弼《いいなおすけ》の暗殺事件へとつながっていく。

福井藩の蘭学者《らんがくしゃ》・橋本左内は、いわゆる犠牲者のなかの最年少、二十五歳の青年であった。慶喜を将軍にすべく画策したことが罪状とされたが、実は井伊打倒のクーデター計画が重視された。捕縛後わずか五日後に斬刑《ざんけい》。評定所が「遠島」としたのを、怒りと恐れを抱いた直弼が筆をとって「死罪」と改めたという。いよいよ最期のときの言葉は「よしッ、斬れ」と一言、なかなか豪毅であるが、ここでは橋本のいい言葉の一つを。

「人間自《じんかんおの》ずから適用《てきよう》の士《し》あり。天下何《なん》ぞ為《な》すべき時なからむ」

男子はよろしく為すべき時を待って、時を得たればその時には奮起すべし、なんである。年がら年じゅう俺の出番とばかりしゃしゃり出てくる人がいるが、肝心のときにはまったく役立たぬのが常である。

194 「留《とど》め置かまし大和魂《やまとだましい》」――吉田松陰の辞世 ―一八五九年―

また、この人の登場であるが、若くして死んだのに、それくらい話題にことかかない。安政六年（一八五九）十月二十七日、三十歳を一期《いちご》として吉田松陰は、江戸伝馬町の獄で斬《き》られた。安政の大獄に死刑を宣せられた最後の一人であった。

吉田松陰とはどんな人であったか。司馬遼太郎は「なまのかれ自身に会ってみなければわからぬような、そういう機微な人格的魅力をもった人」という。恐らくそのような奥行きのある、深い精神構造をもった魅力ある人物なのであろう。

「妄《みだ》りに人の師となるべからず、又、妄りに人を師とすべからず」なんて、本人はその著書『講孟余話』でいってはいるが、実際はまことによき師であった。松下村塾を開いて高杉晋作や伊藤俊輔（博文）、山県有朋らの人材を育てたのは、間違いなくその人間性の大きさにあった。しかも驚くべきは、松陰はここで二年半しか教えていない。が、明治維新は松下村塾が萩城下に作られた時からはじまった、といっていい。

松陰はとうに死罪を覚悟していた。友人や弟子たちにあてた遺書「留魂録《りゅうこんろく》」を残している。その冒頭に、有名な辞世が書かれている。松陰の言葉としてはこれにとどめをさす。

「身はたとひ武蔵の野辺に朽《くち》ぬとも留《とど》め置かまし大和魂《やまとだましい》」

195「ただただ誠心誠意あるのみ」——勝麟太郎、咸臨丸艦長に——一八五九年

安政六年（一八五九）十二月二十二日、勝麟太郎《かつりんたろう》は生まれてはじめて将軍に謁見を許された。徳川家茂《いえもち》十四歳、その若い将軍から勝は咸臨丸《かんりんまる》の艦長を命ぜられた。日本人が初めて軍艦を操って太平洋を渡る。すばらしい快挙である。ただし、この大事業の艦長の待遇は両御番上席というう軽いものであった。江戸っ子の勝は言った。

「自分のやる仕事がこれからの日本にとって大事なこと、それだけで、十分だ。地位がどうのの問題じゃないよ」

さて、勝海舟と来れば、その談話をまとめた『氷川清話《ひかわせいわ》』『海舟座談』のなかの、怪気炎やホラ話がすぐに想起される。その中には人生の達人でなければ吐けない名言も多々ある。

「事を遂げるものは、愚直でなければならぬ。才走ってはならぬ」なんて、同感である。「世間は生きている。理屈は死んでいる」も、まさに然《しか》り。理屈じゃ多くの人は動かない。「学者になる学問は容易なるも、無学になる学問は困難なり」なんて、何を言っているのかと思うが、虚学を脱却し、「馬鹿になれ」ということならん。馬鹿になるのは難しい。「政治家の秘訣《ひけつ》は何もない。ただただ誠心誠意の四字があるばかり」。のちのことになるが、西郷隆盛との江戸開城をめぐっての談判は、まさしく勝の誠心誠意の勝利であった。

196 「月も朧《おぼろ》に白魚《しらうお》の……」――『三人吉三廓初買《さんにんきちさくるわのはつかい》』の初演 ――一八六〇年――

和尚・お坊・お嬢と異名をとる三人の泥棒「吉三」が兄弟分になる発端の名セリフ。振袖姿のお嬢吉三が、夜鷹から百両の金を奪う。裾《すそ》を払って片足を大川端の杭《くい》にかけ、

「月も朧《おぼろ》に白魚《しらうお》の、篝《かがり》も霞む春の空、冷てえ風もほろ酔いに、心持ちよく浮か浮かと、浮かれ烏《からす》のただ一羽……」

と酔うがごとくやっている。折から「厄払いましょう」の厄払いの声に我にかえって、

「ほんに今夜は節分か」

と、ぐっとくだける段取りである。そして「こいつァ春から縁起がいいわえ」というしゃれたセリフのあとに、ゴーンと時の鐘。なんど観ても、「イヨオッ、待ってましたぁ」とやりたくなる見事な場面である。

河竹黙阿弥の代表作であるとともに、幕末の白浪物の代表作である。その初演が安政七年(一八六〇)一月十四日、江戸の市村座において。

安政大獄のあとも、江戸に横浜に外国人の殺傷がつづき、世相は落ち着かない。そしてこの年の三月、桜田門外で、大老井伊直弼《たいろういいなおすけ》が水戸浪士に殺されている。開国か攘夷《じょうい》かで、世情騒然たるとき、「こいつァ春から縁起がいいわえ」と江戸っ子はやっていたのである。

197「散りての後ぞ世に匂《にお》いける」——桜田門外の変

一八六〇年

三月三日は桃の節句。お雛《ひな》さまを飾ってぼんぼりに灯《ひ》をつけて……そんな優しい日に、殺伐《さつばつ》な話となるが、この日の「桜田門外の雪を朱に染め《あけ》」た大老井伊直弼の暗殺事件は欠かすことができない。ときに万延元年（一八六〇）の花まつりの日。

朝廷の許可なしに「日米修好通商条約」に調印した井伊大老は、その上に国を混乱に導こうとする尊王攘夷《じょうい》派を徹底的に弾圧した。安政の大獄である。これですっかり悪役になってしまったが、さて、どんなものか。実際はなかなかに風流な殿様で茶道を愛し、われわれがよく使う「一期《いちご》一会《いちえ》」もこの形では、この人の著『茶湯一会集』が初出であるそうな。

そんな一生に一度の仕事として、井伊は暗殺されるのも覚悟の上で、いまの日本の国力では攘夷などは夢の夢、開国しかとるべき道はないと、あえて断行したのか。私利私欲にあらず、国を思う心から出た決断であったとみられないでもない。事実、それから五年後には、京の朝廷も「これからは開国だ」と国策を変更している。

襲撃は突然のものであったから、辞世を用意しているはずもなく、とどめを刺される直前の最期の言葉も伝えられていない。ただし、前日に「咲きかけし猛《たけ》き心のひと房は散りての後ぞ世に匂《にお》いける」という歌を詠んでいる。辞世といえなくもない。

198「散るもめでたし桜花」——佐久間象山、暗殺さる

一八六四年

元治《げんじ》元年（一八六四）七月十一日、京都三条木屋町の路上で佐久間象山《さくましょうざん》は河上彦斎《かわかみげんさい》たちに襲われて惨殺された。享年五十四。三条大橋にかかげられた斬奸状《ざんかんじょう》には「この者元来西洋学を唱え、交易開港の説を主張し、枢機の方へ立ち入り、御国を誤り候大罪云々」とあった。世の風潮が攘夷《じょうい》一色でそまっているとき、「開国してまず西洋文明を取り入れよ」とするこの人の超先見は、世に仇《あだ》なす罪悪としか見られていなかった。

とにかく言うことが大きい。幕末を彩る相当の傑物たちも、彼にまくしたてられて閉口頓首《へいこうとんしゅ》している。世界五大州をわが手におさめ、その盟主となって全世界に号令すべし、なんて説かれたんでは、こりゃ誇大妄想だと思うほかはない。

そしてその上に、当の象山は恐れを知らない人。というのも、象山の抱負、象山の意気、ただ国を安んじ、人を安んぜんとするにあったので、自分の安全など眼中になかった。母に書き送った手紙にも「日本の命脈はこの身にこれありと存じ、この御国と存亡をともに致し候……さらに畏《おそ》れこれなく、心中安らかに候」とはっきりと記している。

彼を狙う刺客の多い京都へ行くことを阻止する知友に贈った歌一首がいい。

「時に遇《あ》はば散るもめでたし桜花めづるは花の盛りのみかは」

199「胸懐《きようかい》は洒落《しやれ》とあらまほし」――蛤御門の変

一八六四年

朝廷が決めた攘夷《じようい》決行の日は文久三年（一八六三）五月十日。しかし、そんな攘夷開始の命令は、政治的なかけひきとどこの藩も適当に考えていた。ところが長州は違った。ただちに実行に移し、馬関（下関）海峡を通る外国船につぎつぎと攻撃をしかけた。そこから「長州藩を何とかしないと、日本全体が大混乱に陥る」と薩摩藩と会津藩は政界の主導権をにぎるため同盟し、長州藩の京都追放策をひそかにめぐらした。

この謀略にカンカンになったのが、佐賀の過激派の真木和泉守《まきいずみのかみ》、長州の福原越後《ふくはらえちご》らの面々である。真木の精神は、彼の言葉「我一歩を退くれば彼一歩を進め、我一日優遊すれば彼一日精熟す」にあるように、とにかく先制を主眼とする攻撃主義。元治《げんじ》元年（一八六四）七月十九日、突如、彼らは大軍を率いて京都に突入してきた。しかし、御所に発砲したというので、すぐ長州藩は賊軍になる。圧倒的な兵力の反撃をうけて、戦いは一日にして終わり、長州軍は敗退、これを蛤御門《はまぐりごもん》の変という。

真木和泉守は二十一日に天王山で自決した。「天も誠にて天たり、地も誠にて地たり」と、この人らしい言葉を残しているが、「胸懐《きようかい》は洒落《しやれ》とあらまほしき事なり」のほうをわたくしは好んでいる。人間はコセコセ、ガリガリしないで、いつも悠々としているのがよろしい。

200「一里行けば一里の忠」——高杉晋作の挙兵

一八六四年

蛤御門《はまぐりごもん》の戦いで一敗地にまみれた長州藩は、恭順すべしとする俗論党と、不当な弾圧に屈服すべきでないとする正義党と、藩論が真っ二つに分かれた。後者は高杉晋作指揮の奇兵隊以下の諸隊を中心とする〝青年将校〟たち。しかし、恭順派である門閥中心の俗論党の圧力が強く、諸隊への解散命令が出て、正義党の運命は風前の灯となる。このとき、長府の功山寺に息をひそめ、気力喪失の奇兵隊の隊員を前に、高杉が獅子吼《ししく》した。

「俺《おれ》はいまより、萩に駆けつけ殿様に直諌《ちょっかん》申し上げる。萩へ行く途中、俗論党に惨殺されるともあえて厭《いと》わぬ。いまの場合、一里行けば一里の忠を尽くし、二里行けば二里の義をあらわす。尊皇の臣士たるものが一日たりとも安閑としている場合ではない」

ときに元治《げんじ》元年（一八六四）十二月十六日、高杉の「たった一人の反乱」が歴史を旋回させたといっていい。

立ち上がった総勢八十人足らずが、藩内の一大敵国となって、俗論党討伐の旗揚げをする。奇兵隊創設期より高杉に叩きこまれた尊攘の精神とエネルギーは、決して付け焼き刃ではなかったのである。「俗論党を倒そう。萩へ進撃しましょう」の声は高まる一方となる。長州藩の討幕の第一歩は、この日に踏み出されたのである。

201「土蔵《どぞう》の一つもつけてやる」――小栗忠順と横須賀造船所 ―一八六五年―

小栗上野介忠順《おぐりこうずけのすけただまさ》は、幕末に外国奉行、陸軍奉行、軍艦奉行などをつとめた幕府きっての優れた人材である。とくにフランスと緊密な関係をとり、日本の近代化を推進しようとした。近代国家を目指すからは、軍艦を自分たちの手で建造できなければ、永遠に欧米列強に脅かされる。この理想のもと、慶応元年（一八六五）にフランスの援助をえつつ、横須賀に製鉄所と造船所を建設した。

その鍬《くわ》入れ式の行われたのが同年九月二十七日。彼は「どうせ保てぬ身代《しんだい》ならば、土蔵《どぞう》の一つもつけて次のものに譲ったほうがいい」と言った。身代とは幕府のこと。ボロ家となった徳川幕府は滅びるのみ。それは覚悟せざるをえないこと。しかし「土蔵」つまり近代的な生産施設を造っておけば、それがつぎの新国家建設に役立つ。まさに先見の明あり。

しかし薩摩・長州にとっては、徹底抗戦派でもあった小栗の有能さはかえって許せないものであったのである。江戸進撃とともに捕らえて、よく調べもせずに打ち首とする。慶応四年閏《うるう》四月六日、刑場で小栗の威厳に圧された首斬《くび》り役がおろおろするので、見兼ねた介添え役が棒で小栗の背中を押した。瞬間、小栗は怒鳴った。

「無礼者ッ」と。

202 「待った」——大相撲の「待った」の逸話 ——一八六五年

いまでこそ相撲の仕切り制限時間は幕内四分、十両三分、幕下二分ときまっている。が、昭和三年以前にはこの制限はなく、いくらでも「待った」が出来た。で、記録に残る最多の待ったの数は、慶応元年（一八六五）十一月の本場所三日目、鬼面山谷五郎対両国梶之助の一番で、計九十五回とされている。ある人が用事があって両国の場所から人形町まで行き、用足しをしてまた場所に戻ったらまだ立っていなかった。この有名なエピソードはこのときのもの。客もうんざり、行司もうんざり、力士もうんざりで、預かり、引き分けとしてケリがつけられた。ホントの話である。

こんな話を書いていると、歴史とは本当に面白いと思う。時代が大転回しようとしているとき、両国ではのんびりやっている。いつの世も庶民の営みとはざっとそんなもの。

ところで、「待った」の起源となると、徳川吉宗の享保年間（一七一六～三六）の谷風梶之助対八角楯右衛門の一番が定説となっている。勝ちたい一心からの苦肉の策。これが成功して八角は常勝の谷風に土をつけることが出来たという。ただし、「卑劣待ったの模範を残したるは憫笑《びんしょう》の至りなり」と『横綱力士伝』で酷評されている。あるいは「角力の行儀悪《あ》しくなりしは八角よりはじまる」（『翁草』）とやっつけられている。日本人好みではないのである。

203「日本の前途《ぜんと》を案ずればこそ」——薩長連合の成った理由　——一八六六年——

下関から京都の薩摩藩邸に駆けつけてきた坂本龍馬は、ア然とするよりも激怒した。龍馬がその生涯で公的に怒ったことは二度という。一度目が実にこのとき。もうすっかり済んでいると思っていた薩摩と長州の話し合いは、全然進んでいないどころか、長州の桂小五郎は話し合いを諦《あきら》めて帰り支度をしている。薩長どちらも先に頭を下げたくはない事情は、人間通《つう》の龍馬にはようくわかった。しかしここは歴史の大義の問題なのである。個人的な、あるいは一藩の面子《メンツ》がどうのといっているときではない。

「なんたることか。われわれが生命を的に寝食を忘れて奔走してきたのは、単に薩長両藩のためではない。日本の前途《ぜんと》を案ずればこそなのである。それを知りながら両藩の重役が相会し、無為に日を過ごすとは、心得がたいことである。おれが許さん」

龍馬の西郷吉之助や桂に対するこの怒声が、薩長の秘密連合を成立させたのである。慶応二年（一八六六）一月二十一日のことである。

そして考えてみると、龍馬を幕末最大の人気者にしているのも、この一事があったればこそ。この夜のことなかりせば、龍馬は単なるすっ飛び男にすぎなかったかも知れない。歴史の偶然にしてはよく出来すぎている。それで昨今は異論がつぎつぎに出ている。

204 「朝敵《ちようてき》の汚名」——徳川慶喜、将軍になる

——一八六六年——

司馬遼太郎の言葉を借りれば、徳川慶喜は「ねじあげの酒飲み」みたいな男であるそうな。酔うと理屈を無理にねじあげ人に食ってかかる酒癖のものと同じとか。その伝で、さんざんに理屈をいって「俺《おれ》は将軍にならない」とダダをこねていた慶喜が、朝廷からの征夷大将軍宣下の勅使を迎え、あっさりとこれを受けたのは、慶応二年（一八六六）十二月五日。

慶喜にとって不幸であったのは、それからわずか二十日後の十二月二十五日に、慶喜を信じ、ともに国政をうまくやろうとしていた孝明天皇が崩じたこと。歴史に「イフ」はないが、もし天皇が死ななかったならば、その後の歴史の動きはずいぶん変わったものになっていたであろう。それで薩長の革命派が天皇を暗殺した、という憶測がささやかれるわけである。

いずれにしても、その後の将軍としての慶喜の情けない動きは、批評する気にもなれないが、「何があっても朝廷に対して余計な抵抗はしない。祖先の名を汚し歴史に朝敵《ちようてき》の汚名を残すことは決してしたくない」という彼の言葉だけは、認めてやることにしている。勤皇をスローガンとする水戸育ちの御曹司《おんぞうし》だものね。

刺繡《ししゆう》にカメラ、晩年の慶喜が凝ったもの。これじゃ切った張ったの喧嘩《けんか》は不得意なわけである。危機のさいの社長にはまったく向かなかった。

205 「おもしろきこともなき世をおもしろく」──高杉晋作の惜しまれる死　一八六七年

やっぱり、この話は欠かせない。もう一度、高杉晋作の登場である。

「三千世界のカラスを殺し、主《ぬし》と朝寝がしてみたい」とは、幕末の軍事の天才高杉晋作の作った都々逸《どどいつ》である。晋作は早くからもう自分の死期を覚悟していたに違いない。にもかかわらず、酒も女も断つことはなく、いっそうボルテージを揚げていった。ざれ歌も数多くつくった。彼の勇猛果敢な活躍はたった五年間。しかし、この人なくして長州藩を勤皇討幕に変換するクーデターなく、幕府軍を相手の第二次長州征伐での連戦連勝もなかった。結核で喀血《かっけつ》しながら東奔西走して戦いつづけた。

そしてついに慶応三年（一八六七）四月十四日未明に高杉は不帰の人となる。享年二十九。その直前に死を予感した晋作は震える手で辞世の歌を書こうとした。「おもしろきこともなき世をおもしろく」とそこまで書いて力つきる。そこへちょうど歌人の野村望東尼《のむらぼうとうに》が見舞いにきた。さっそく「すみなすものは心なりけり」と下の句をつけた。晋作はそれを見て、「面白いのう」と言った。話としても実に豪快で、よく出来ている。

ただし、好みとしては、望東尼さんは余計なことをしたと思っている。五七五だけで終わっているほうが、ずっと余韻がある。

206 「日本をせんたくいたし申し候」——坂本龍馬、暗殺さる ——一八六七年——

「……（幕府の）姦吏《かんり》を一事に軍《いくさ》いたし打殺《うちころ》し、日本をいま一度せんたくいたし申し候事にいたすべくとの神願にて候」（この「日本を洗濯する」の一語は近ごろとみに人気がでてきた）

「私が死ぬる日は天下大変にて、生きておりても役にたたず、おろんともたたぬようにならねば、中々狡《こす》い嫌なやつで死にはせぬ。然《しか》るに、土佐の芋掘りともなんともいわれぬ居候に生《うま》れて、一人の力で天下動かすべきは、是《これ》また、天よりする事なり」

「恥ということを打捨《うちす》てて世の事は成るべし」

いずれも坂本龍馬の言葉である。解説なしでは難しいところもあるかも知れないが、何度も読んでみれば、天衣無縫《てんいむほう》の龍馬の良さはここにあるとやがて判読できる。

このさっぱりした男が京都河原町の近江屋で暗殺されたのが、慶応三年（一八六七）十一月十五日夜。犯人が何者であったか、今になってもナゾ。としながらも、犯人は大久保一蔵（利通）と勝手に決めている。手を下したのは別にいても、その黒幕は一蔵であると。なにしろその二日前に大久保は国もとより戻り、武力討幕のための総指揮をとる。ところが龍馬はいまや武力革命に反対している。戦いの前に邪魔者は殺せなのである。それに当夜龍馬の居所を知る手立てをもっているものは、一蔵がいちばんであった。だれも信じないかも知れませんがね。

207「最後の手段をとるのみ」――王政復古の大号令

一八六七年

慶応三年（一八六七）十二月九日早朝から、ひそかに練られていた陰謀が動き出す。遠ざけられていた討幕派の岩倉具視《いわくらともみ》に参内が許される。かわって、あれよ、という間もなく、二条摂政をはじめ、公武合体派と目されていた全公卿《くぎよう》の参朝がとめられた。会津藩と桑名藩も京都守護職を免職され、御所の御門は薩摩藩によって素早《すばや》く固められた。クーデターはたちまちに成功した。将軍・摂政関白は一方的に廃止を宣言される。

さらにその夜、上洛してきた諸侯が会同しての小御所会議《こごしよかいぎ》がひらかれ、徳川家にいわゆる「辞官納地」の厳命が下される。「それでは地位も身分も財産も、徹底的に奪いとることになるではないか」「そのとおりである」「いくら何でも強引な処置すぎる、これでは戦争になる」と、山内容堂や松平春嶽の反対意見。これに岩倉が真っ向からやり合い、会議が紛糾《ふんきゆう》したとき、禁門の守衛についていた西郷隆盛は叫んだ。

「議論なんかでは埒《らち》があき申さん。最後の手段をとる（反対するヤッは殺せ）のみでごわす。岩倉さんにそういってくれ」と。

かくて王政復古の大号令が出される。大久保一蔵は言った。「慶喜など恐るるに足らず。逆らえば抹殺《まつさつ》するのみ」と。維新運動が革命であったことがよく分かる。

208 「錦《にしき》の御旗《みはた》」——鳥羽伏見の戦い

—一八六八年—

慶応四年（一八六八）一月三日の夕刻、薩長を主力とする西軍と、会津・桑名両藩を中心とする東軍が鳥羽伏見《とばふしみ》で激突した。西軍を指揮する西郷吉之助はいよいよ開戦の報を聞いて、「一発の砲声は、百万の味方をえたより嬉《うれ》しかった」と心からホッとした。戦闘が起き、幕府軍を賊軍と規定しないことには、革命は成就しないからである。

戦闘は一進一退をくりかえしていたが、五日、西軍が淀川の北岸に錦《にしき》の御旗《みはた》を三本、へんぽんとひるがえらせたとき、一転した。天皇の旗を見て、鳥取の藩兵が寝返り、津の藤堂藩の兵も西軍に転じ、東軍を攻撃しはじめる。前日まで「千騎が一騎になるまで退くな」と檄を飛ばしていた東軍の総大将の徳川慶喜はとたんに、「朝敵にはなりたくない。江戸へ帰る」と言い出した。錦の御旗の威力は絶大であった。

実はこの錦の御旗は、西軍を〝官軍〟とするために、知恵者大久保利通が愛人に買ってこさせた大和錦と紅白の緞子《どんす》とで、長州でいそいで作らせたまったくのニセものであったのである。〽あれは朝敵征伐せよとの、錦の御旗じゃないかいな、トコトンヤレトンヤレナ……。のちの世になっても、この錦の御旗すなわち大義名分ないし正義ッ面というやつは、おうおうニセものである場合が多い。心すべきことのようである。

209「天地の公道に基づくべし」――「五箇条の御誓文」発布　一八六八年

慶応四年（一八六八）三月十四日、この日には日本史に特筆される大きなことが二つあった。まったく、歴史とはいろいろな顔を同時に見せてくれる。

一つは京都にて。明治新政府は天皇の名において、すなわち明治天皇が天地の神々に誓うという形で、国家の基本方針を内外に宣明《せんみよう》する。「五箇条《ごかじよう》の御誓文《ごせいもん》」である。

「一、広く会議を興《おこ》し万機《ばんき》公論《こうろん》に決すべし。一、上下心を一にして盛《さかん》に経綸《けいりん》を行ふべし。一、官武一途庶民に至る迄《まで》各其《その》志を遂《と》げ人心をして倦《う》まざらしめん事を要す。一、旧来の陋習《ろうしゆう》を破り天地の公道に基づくべし。一、知識を世界に求め大《おおい》に皇基《こうき》を振起《しんき》すべし」

実に、現代日本にそのまま通じる誓いである。

ついでに言えば、昭和二十一年一月元旦の昭和天皇の「人間宣言」は、冒頭にこの五箇条の御誓文を掲げた。戦後日本の進むべき指針とするためのものであったという。

もう一つは、江戸にて。まさに同じ日、勝海舟と西郷隆盛との本番の会見が行われている。内乱は欧米列強に乗ずるチャンスを与えることになる。結局は西郷の理屈負けである。帰りゆく勝を見送ったあと、西郷は江戸城総攻撃の中止の命令を全軍に発している。愚かな内戦をせずに、心を一つにして「天地の公道」を拓《ひら》いたのである。

210 「快《こころよ》く受《う》く、電《でん》光《こう》三《さん》尺《じゃく》の剣」――近藤勇の処刑

一八六八年

その最期のさいの辞世の漢詩がある。「孤軍援《たす》け絶えて俘囚《ふしゅう》となり、君恩を顧念して涙また流る」にはじまる。孤立無援の戦いに敗れ、囚《とら》われの身となったが、将軍から受けた恩を思うとまだ涙が流れてくる。新撰組《しんせんぐみ》を率いて京の町を震え上がらせた人にしては、センチメンタルな思いが吐露されている。人間的といえばいえる。

慶応四年（一八六八）四月二十五日、ろくな取り調べもなく、近藤勇は板橋の刑場で斬首《ざんしゅ》された。享年三十五。首級は刑場で数日晒《さら》されたのちに、塩漬けにして京都へ送られ、三条河原でふたたび晒された。それほどに、薩長はこの人に憎悪を燃やしたというわけである。新撰組を組織したのが三十歳のとき、この武蔵国多摩の郷士上がりの武人の活躍の期間は五年。坂本龍馬や高杉晋作と同じである。それだけにいっそう華やかであり、豪気であった。

「義をとり生を捨つるは我が尊ぶところ。快《こころよ》く受《う》く、電光三尺《でんこうさんしゃく》の剣。ただ、まさに一死をもって君恩に報いん」と、辞世の漢詩は結ばれる。

と書いたうえで、新撰組ファンには叱られるかも知れないが、もう一言。実はこの漢詩は近藤勇の作でなく、漢学者・大沼枕山《ちんざん》の作であるそうな。調べてみたら、その説が正しいとわかった。道理で上手いと思った。

211「哀しみの声街市に満つ」——彰義隊の反乱

一八六八年

大村益次郎が指揮する西軍は、折からの雨をついて、圧倒的な兵力をもって上野の山に立て籠《こ》もる彰義隊《しょうぎたい》への攻撃を開始した。慶応四年（一八六八）五月十五日の明け方のことである。滔々《とうとう》たる歴史の流れが渦巻くなか、山中に陣をしいた旧幕臣たち約二千では、とうてい時の流れを逆転する力などなかった。夕方には彰義隊の敗走が始まっている。

このとき、あまり知られていないことながら、翌日には日本初の号外が出されている。発行したのは中外新聞。有料で、定価一匁《もんめ》であったという。

「……此日《このひ》も大雨止まず、砲声しばしば轟《とどろ》き、火勢ますます盛んにして、老弱婦女難を逃れて道路にさまよう者の哀しみの声街市に満つ」

総指揮官・天野八郎は捕らえられ、死を用意の辞世を詠んだ。

「北にのみ稲妻ありて月暗し」

いい覚悟の句であるが、残念ながら風邪をこじらせて獄中で病没。折角の句が泣いた。

彰義隊の戦死者は二百五名。そのまま放置されていたが、みかねた円通寺の住職らによって荼毘《だび》に付された。そして明治十五年に大きな墓が上野の山に建立される。碑面の「戦死之墓」の文字は山岡鉄舟の筆だが、新政府をはばかって「彰義隊」の文字はない。

212「黒い猫は来ているだろうか」——沖田総司の挫折　一八六八年

昨日勤王、明日は佐幕、幕末にはいい男が沢山《たくさん》いた。なかには色男も……。といっても、この人が美男子であったという確かな証拠はない。文献には、共通して、色浅黒く目が細く、背は高く、魚の平目のような顔をしていた、とある。これじゃガッカリで、ここはやっぱり群を抜いた美男子ということにしておく。そうしないと沢山の女性読者の恨みを買うことになる。新撰組の沖田総司のことである。

五月三十日は彼の命日。隠れ住んでいた千駄ヶ谷の植木屋で死んだ。享年二十五。慶応四年(一八六八)のことで、このころはもう近藤勇も斬《き》られ、江戸城の無血開城が終わったときである。総司は生きていてもしょうがない、と思ったのかも知れない。

実在の人なれど、歴史は敗者には無情である。この美男の剣客の言葉は物語に頼らなければならない。子母沢寛の『新選組始末記』にある話がいい。植木屋の庭を猫がのそのそと歩き回る。それを斬って捨てようとして、二日つづけて失敗する。三日目、

「ばァさん、あの黒い猫は来ているだろうかなァ」

といって息を引きとった、とある。この若い美剣士の無念の胸中が偲《しの》ばれるいい挿話《そうわ》である。元麻布の専称寺の彼の墓には、供花がいまも絶えない。

213 「江戸ヲ称シテ東京トセン」――江戸が東京となった日

一八六八年

江戸っ子たちが、突然、京都の朝廷より「江戸ヲ称シテ東京トセン」なんて詔書《しょうしょ》が出され、エッ、今日から東京っ子だ、なんていわれたって、と目を白黒するばかりであったことであろう。大いに同情を禁じ得ない。西の京都にたいして、単に東の京という意味であったという。ただし、日本の首都になったわけではない。慶応四年（一八六八）七月十七日のこと。

そして同じ日に、明治天皇の最初の東幸のことが発表された。将軍様に代わって、今度は京からやってくる天皇様だってよ、ああ、敗軍の兵は将を語らずだよな、なんてひとしきり江戸っ子はボヤいたかも知れない。

考えてみると、この詔書は、単に江戸を東の京にするという意味の発令でしかなかったのである。新しい地名、固有名詞としての改称でないなら、江戸のまま頑張ったってよかったのではないか。そんな疑問が湧《わ》いてくる。いや、当時も大いに議論があったそうな。ヘエーと思った次第であるが、いまさら何だよ、と笑われることであろう。でもネ、東京っ子より江戸っ子のほうがカッコイイんじゃあるまいか。といって肩肘を張ってはみるが、父は越後長岡在の寒村、母は常陸は筑波山麓の村の出、東京生まれではあるが、わたくしは江戸っ子と誇るわけにはいかぬ。となれば、どっちでもいいか。

214「こしぬけ武士の越す峠」――河井継之助の自嘲の句 ――一八六八年――

五月四日に戦端がひらかれ、七月二十四日の越後長岡藩兵による奪還まで、長岡城攻防戦は東西両軍がたがいに知略の限りをつくした戊辰《ぼしん》戦争の華といえる。

いちど奪われた城を長岡藩兵が「死にに来たぞ」と叫びつつ奪い返す。政府軍の将の西園寺公望も山県有朋も尻に帆かけて遁走する。長岡に縁をもつものには愉快の極みである。しかし、慶応四年（一八六八）七月二十九日、西軍の四方からの総攻撃を受け、長岡城は再度落城の憂《う》き目《め》をみる。衆寡敵せず、もはやこれ以上の反撃もならず、生き残った長岡藩兵は無念の歯がみをしつつ、山路を国境の八十里越えで、散り散りに会津へと落ちていった。

重傷の総指揮官の河井継之助《かわいつぎのすけ》を乗せた担架も同じく峠を越えていく。西軍の肝をぬく指揮ぶりをみせた英雄も、ふたたび立って戦えぬおのれの姿を、さびしく自嘲《じちょう》した。

「八十里こしぬけ武士の越す峠」

そして死期の迫ったのを知ると、従僕に棺桶《かんおけ》と骨箱をつくらせた。

「世の中は大分面白うなったが、侍は駄目だて。おみしゃんたち（お前さんたち）も、思い切って商人になりやい」

と遺言のようなことを口走りつつ八月十六日夜に息を引きとる。享年四十二。

215「一世一元」――年号が「明治」となる――一八六八年

出典は『易経《えききょう》』の「聖人南面而聴天下、嚮明而治」、そして『孔子家語《こうしけご》』の「長聡明、治五気、設五量、撫万民、度四方」によるともいう。とにかく年号が、慶応四年（一八六八）九月八日、「慶応」から「明治」と改められた。まさに新しい時代の到来を宣言するもの。そしてこの改元の詔《しょう》には、天皇一代にただ一つの年号を用いて改めない一世一元の制を恒久の制度とする、という趣旨のことが謳《うた》われた。

一体それがどのくらい画期的なものか、いまはほとんど理解しにくいが、それまで改元は幕府の同意を得てから実施せねばならず、朝廷の思いのままにはなっていなかった。明治天皇の父の孝明天皇の代には、なんと改元すること六度、これでは年号そのものが軽薄になっていけない。それが人心動揺の一因ともなっていた。それを憂え、またその煩雑《はんざつ》さを嫌った岩倉具視《いわくらともみ》が、「一世一元」を発意し、天皇の許しを得たのである。

いらい、明治・大正・昭和・平成とつづく。されど、明治は遠く、どころか、大正も言うに及ばず、昭和ですらかなり遠くなりつつある。われら昭和一けた生まれなんか、昭和に執するあまり、平成なんてほとんどが使っていない。ちかごろは西暦を用いている人が多くなっている。元号の運命は如何に相なるや。

216 「一心大切」——会津藩ついに降伏　一八六八年

奥羽越の列藩はつぎつぎに降伏していった。そのなかで「官軍は姦賊《かんぞく》にして王師《おうし》にあらず。故に戦わざるべからず。敢《あ》えて命に従う能《あた》わず」として、あくまでも徹底抗戦をつづけていた会津藩も、ついに降伏を申し出た。籠城《ろうじょう》することちょうど一カ月、孤立無援の専守防衛には自ずから限度がある。戊辰《ぼしん》戦争はここに最大の転機を迎えた。

明治元年（一八六八）九月二十一日、「明二十二日十時をもって若松城の大手門に白旗をかかげ、十二時に大小銃や器械を引き渡す」というのである。字義通り刀折れ、矢は尽きた。家老たちは抗戦の責任を負い、藩主父子の助命を懇願した。白虎隊《びゃっこたい》や娘子隊《じょうしたい》をはじめ戦死二千数百名、よくぞ戦ったというほかはない。

翌二十二日、松平容保《まつだいらかたもり》は城を出る。賊将ゆえに無刀、はだしであった。薩摩の軍監・中村半次郎（のちの桐野利秋）がこれを迎え、戦いは終わる。敗軍の将は兵を語らず、容保の名言はない。いよいよ抗戦を決意したときの彼の「一心大切」を挙げておくことにする。歴史の流れはわれが思う方向の逆に流れようとも、サムライには信義こそが生命である。薩長から売られた喧嘩ゆえ、勝敗を乗り越えて買わねば信義に悖《もと》る。この一途さである。会津藩は屈して滅んだが、精神は屈せず千古に残る、というべきか。

217「世界の知識を児童に与えること」──小学校の設置令

――一八六九年――

近代日本のいちばんの大事業は教育である。明治新政府はそれに全力を傾注した。それが遅れて近代化した日本を、アジアにおける先進国として誇るに足る国にした。もっともその根底には、江戸時代の寺子屋教育や藩校教育の広範な普及による知力向上が役立っている。

さて、新教育のスタートが明治二年（一八六九）三月二十三日の、各府県に公布された小学校設置令。記録によれば、五月二十一日、京都に上京第二七番組小学校が創立、それが日本最初の小学校という。では、江戸の寺子屋から小学校への大きな変化は？　島崎藤村『夜明け前』が発足したばかりの小学校の模様を描いている。

「教師の心得べきことは何よりもまず世界の知識を児童に与えることで、啓蒙《けいもう》ということに重きを置き……石盤を用いてまず片仮名の字形を教え、それより習字本を授けよ。地図を示せ。地球儀を示せ。日本史略および万国地誌略を問答せよ」

「新刊の小学読本を開いて見ると、世界人種のことから始めてある。そこに書かれてあることの多くはまだ不消化な新知識であった」

二百六十余年の鎖国時代の遅れをとり戻すべく、とにかく世界を知ろうと、〝追いつけ追い越せ〟の意気込みが先行していたことがよくわかる。

218「すまんのう」――五稜郭の戦いと土方歳三

――一八六九年

新政府軍の参謀黒田清隆の勧告にも、総裁榎本武揚《えのもとたけあき》は頑として応じなかった。かわりに黒田に「自分が戦死した後にでも、この本を役立ててほしい」とオランダ留学中に入手したオルトラン著『海律全書』を贈ってくる、という死を覚悟した頑張りを示していた。しかし、ついに黒田の説得に根負けして、榎本は頭を下げた。こうして明治二年（一八六九）五月十八日、箱館の五稜郭《ごりようかく》にたてこもっていた旧幕府軍は無条件降伏、戊辰《ぼしん》戦争が終結。これで名実ともに江戸時代が終焉《しゆうえん》したことになる。

と同時に、榎本たちが構想した「北海道共和国」も夢のまた夢となる。世界列強はこれを事実上の政権と認め、この戦さを内乱と受けとめ局外中立を宣言していたほどであったのに。明治新政府軍はやみくもに攻撃した。敗者は理想を抱いて滅ぶ。無念であったであろう。

それより先の十一日、元新撰組副長の土方歳三《ひじかたとしぞう》は五十名の部下をつれ敵陣に殴り込んだ。部隊はあっけなく撃破され、土方は流れ弾に当たって戦死している。常々「死に遅れた」といっていた土方は、明らかに死に場所を求めていた。助け起こそうとした部下に、一言、「すまんのう」と土方はいった。享年三十五。辞世は「叩《たた》かれて音の響きしなず菜かな」である。落城の陰の、最後の幕臣らしい死にようであった。

第九章　明治初期

新国家づくりの痛み

219「平民」――四民平等となった日　一八六九年

道学者ぶるわけではないが、昔の日本はひどい国であったとつくづく思う。身分制度というものが牢固《ろうこ》としてあり、民衆はがんじがらめになっていた。その鎖をひとまず断ち切ってくれたのが、明治二年（一八六九）六月二十五日、「四民平等」という建前がとられ、士農工商の封建的な身分制度が取り払われたとき。すなわち、このとき、公家・大名を華族、武士を士と卒、そして農・工・商の人々を平民と改めることになった。

平民にも苗字《みょうじ》をつけることが許される。羽織《はおり》、袴《はかま》をつけ、あるいは馬に乗ることも許された。もっと革命的なことには華族との結婚もOKとなる。ヘエー、と感心することなかれ。改革というものは一朝一夕で完成するはずもない。こうして新時代になったにもかかわらず、官吏の七四パーセントは士と卒が占め、平民が官吏になるのは至難のこと。それで突然に思い出したが、戦前の日本は平民とともに臣民という言葉があった。これは何ぞやと調べてみたら、天皇（実際は皇族も含む）以外の国民はすべて臣民であったらしい。

それを思うと、あれから百四十年たって……。いや、いまだって完全な意味で、差別がなくなった、と言えないいんじゃないか、とまたまた道学者的になる。

＊苗字については、江戸時代に農民たちは代々伝わる「隠し姓」をもっていた事実がある。

220 「東京招魂場《しょうこんじょう》」――靖国神社の始まり

一八六九年

靖国神社への大臣の参拝問題がやたらに話題となる。では、靖国神社とは何か？原型は、幕末の尊皇攘夷《そんのうじょうい》のため脱藩して横死した多くの志士たちを祀《まつ》る招魂場《しょうこんじょう》にある。脱藩者は死すとも藩や家とは無関係とされた。であるから、京や江戸で斬り殺されようが、自決しようが、霊魂は帰るべきところを失って、宙をさまよわねばならなかった。そこで文久二年（一八六二）に民間有志によって彼らの慰霊祭がいとなまれ、それが各地の招魂社となる。

そして明治二年（一八六九）六月二十九日、明治天皇の「深き叡慮《えいりょ》によって」全国の招魂社をまとめ、「東京招魂社」が創建されることになった。しかも天皇の住まいする宮城の西北に。靖国神社のはじまりである。ただし賊軍の死者は祀られない。

死後の霊魂は、この世で行われる魂祭《たままつ》りにより安心をえられる。そう考えることが日本文化の伝統である。同時に、霊魂がこの世の人々を加護する働きをもつことも信じられてきた。そして西北は悪鬼悪霊が襲ってくる方角なんである。そこを抑える。こう考えれば、靖国問題とは日本文化の問題なのであることに気がつく。

なんて議論はともかく、昭和十年までの記録では、半藤姓で靖国神社に合祀《ごうし》されているのはたった二人。あまり国のお役にたっていない一族らしい。ザンネンでした。

221「ただ思はるる国の行末《ゆくすえ》」――大村益次郎襲撃される

一八六九年

戊辰《ぼしん》戦争に大功をたてた兵部大輔《たいふ》・大村益次郎は京都木屋町の藩邸で、長州・越後・秋田の士族たちに襲われて、重傷を負った。明治二年（一八六九）九月四日の夕刻のことである。当時、大村は農民を徴兵して国民軍を建設する政策を中心となって進めている。これが武士の誇りを汚すものとして士族の憤激をかい、暗殺計画がしきりとねらわれていた。大村はそんな脅迫にもびくともしなかった。それがかえって仇《あだ》となったところもある。深手を負った彼は風呂《ふろ》の中に隠れて一命をとりとめたが、やがて敗血症となり、二カ月後の十一月四日に歌一首を残して絶命する。享年四十五。これからというところである。

「君のためすつる生命は惜しからでただ思はるる国の行末《ゆくすえ》」

東京九段の靖国神社境内に彼の銅像が建っている。上野の山のほうを睨んで、筒袖羽織《つつそでばおり》で腰に大小、手に双眼鏡をもっている。

これは維新当初、彰義隊の反乱を鎮圧せんとしたときの闘志満々の姿といわれている。この姿とするのに、江戸っ子の反対もずいぶんあったとか。そののちも、われら東京っ子には「どうして靖国神社に立っているの?」と人気がもう一つであった。司馬遼太郎『花神』のお蔭でちょっぴり人気を回復したようであるが。

222 「米百俵《こめひやつぴよう》」――旧長岡藩の焦土に洋学校建設

一八七〇年

賊軍として戦い焦土と化した越後長岡藩に、明治三年（一八七〇）五月、親藩の三根山藩より見舞いに米百俵《こめひやつぴよう》が贈られてきた。戊辰戦争の敗北いらい、雪深い旧城下にひっそりと、生活に困窮しつつ毎日を暮らしている藩士たちは、これをおろそかに食おうとはしなかった。大参事・小林虎三郎の言葉に動かされたからである。

「米百俵をこのまま分けてしまえば、一人当たり四合か五合しかない。食うことは大事なことだが、それを食ったあとに何が残るか。この百俵をもとにして、学校を建てようではないか。学校を建てて、有為の人物を養成する。まどろっこしいようであるが、これが長岡復興のための、唯一の、いちばん確かな道だ。その日暮らしでは長岡は立ち直れない。われわれがいま苦しみに耐えなかったら、次の時代の人たちも同じ苦しみをしなければならぬ。同じ苦しみを孫子にさせるようなことがあれば、何のために国家敗亡の悲惨を味わったのかわからない。明日の長岡を考えよう。明日の日本を考えようではないか」

そして建てられたのが、わが母校の長岡中学校（現長岡高校）である。こういういい話はこれだけで終わりにしたほうがいい。小泉首相はちょっと誤解して「痛みを分かち合おう」に力点をおいてこの話を持ち出している、なんて余計なことを言うのは、野暮というものである。

223 「わが輩《はい》のほうはよかでごわす」——廃藩置県の実行　一八七一年

山県有朋はびくびくしながら西郷隆盛に打ち明けた。群雄割拠の藩制をなくす、すなわち封建制度の廃止なくして、国家の近代化はない。「このまま諸藩を存しておいては、中央政治の実はあがりません。何があっても廃藩置県《はいはんちけん》を」というより先に、西郷の返事はあっさりしたものであった。

「わが輩《はい》のほうはよかでごわす。あとのことは拙者《せっしゃ》が全部引き受け申す。暴動が各地に起ころうともご懸念《けねん》には及ばぬ。かならず鎮圧してお目にかけましょう」

山県はびっくりするとともに、武士団の旗印ともいえる西郷がOKなら断行するのみ、と決意する。こうして、ひそかに計画された廃藩置県の強硬政策が、予定通りに明治四年（一八七一）の七月十四日に実行に移される。政府は全国の二六一藩を廃して政府直轄地とし、中央集権的統一国家をめざすことを発表する。廃藩の結果、わが国は一使三府三〇二県となることになった（使とは北海道開拓使のこと）。

イギリス公使パークスはいった。「欧州でこんな大変革をやったならば、数年間戦争をしなければなるまい」と。しかし、西郷の睨《にら》みがきいて暴動もなく、封建制度は事実上終焉《しゅうえん》したことになる。思えば物凄《ものすご》い改革であった。

224「文明開化の音がする」――散髪・廃刀の自由認可　一八七一年

「半髪《はんぱつ》頭を叩《たた》いてみれば、因循姑息《いんじゅんこそく》の音がする。総髪《そうはつ》頭を叩いてみれば、王政復古の音がする。ザンギリ頭を叩いてみれば、文明開化の音がする」

明治四年（一八七一）秋ごろから、巷《ちまた》にはこのザレ唄《うた》が大はやり。というのも、この年の八月九日に、散髪・廃刀の自由が認められたからである。刀は封建時代の象徴となり、チョンマゲは時代遅れそのものとなった。そこで、さあ、西洋文明に追いつき、追い越せで、この年に西洋風床屋が各地に誕生、髪をバッサリ落とす連中が続出する。官員や書生を中心に洋服姿も目立ち始める。もっと目先の利くものは横浜の欧米人の洋服仕立て屋に住み込み、特別の技術を自分のものにする。

この年の四月に出版された仮名垣魯文《かながきろぶん》『安愚楽鍋《あぐらなべ》』には、浅草に牛肉屋が誕生して大繁盛、牛乳（ミルク）・乾酪（チーズ）・乳油（バター）も売っている、とあって庶民をびっくりさせている。とにかく世をあげて文明開化が謳歌《おうか》されたのである。

こんな変り身の速さをみると、日本人は新しいもの好きな民族なのかと思われてならない。古い由緒あるものを叩き壊して恬《てん》として恥じないでいられるのもその所為か。そして日本人がすぐに熱狂的になりやすいことも、昔も今も変わらない。

225 「謹《きん》慎《しん》沈《ちん》黙《もく》、思《し》慮《りょ》を尽《つ》くさずんば……」――遣欧米使節の任命

一八七一年

〝砲艦外交〟に押されて、幕末に諸外国との間に結んだ不平等条約を改正することは、明治新政府の最大の課題であり、難問であった。そこで政府はその下交渉のためにも、特使派遣という思い切った手段にでることにした。こうして明治四年（一八七一）十月八日、右大臣岩倉《いわくら》具視《ともみ》を正使の全権大使に、木戸孝允《きどたかよし》、大久保利通、伊藤博文たち錚々《そうそう》たる人たちを副使に任命、遣外使節として欧米各国に派遣することにした。明治天皇は出発前の彼らに言った。

「朕《ちん》、今ヨリシテ汝等《なんじら》ノツツガナク帰朝ノ日ヲ祝センコトヲ待ツ、遠洋渡航、千万自重セヨ」

しかし、せっかくの渡航ながら、条約改正交渉はまったく相手にされなかった。一行はただ先進文明に驚嘆し、国内整備の急務を痛感させられただけ。木戸は日記にこう書いている。

「五千里の海上、三千里の山陸を往来せしことも、皆水泡に帰せり。故に国の為《ため》に事を処するは、そのはじめに、謹慎沈黙《きんしんちんもく》、思慮《しりょ》を尽《つ》くさずんばあるべからず」

井の中の蛙《かわず》を実感した政治責任者の嘆きである。

急に世界の仲間入りをしようにも、相手にされぬ。国家として大きな顔のできないお粗末さ。ますます〝追いつけ追い越せ〟で全員がハッスルしはじめる理由がよくわかる。

226「醜体陋風《しゆうたいろうふう》見るに忍びず」――女性断髪禁止令

一八七二年

「ガングロと車内化粧に厚底靴いづこも同じ秋の夕暮」――少し前の風俗を笑ったわが名歌(?)である。二十一世紀は女の時代と、巷《ちまた》ではやたらかまびすしいが、ほんとうに日本の近い将来を、ダメな男に代って諸嬢諸女史に任せて大丈夫なのかな。

明治四年（一八七一）八月に、文明開化に乗り遅れないため、明治新政府は男どもに「散髪、制服、脱刀、勝手たるべし」という布告をだした。西欧風俗の率先とり込みである。ところが、流行に弱いのは男性よりも女性のほうであったらしく、なんと、長い黒髪を切って、散髪すなわちザンギリ頭が若い女性の間に大流行。世の親たちを仰天させた。

いやはやと、あわてた政府は翌五年四月五日、「男に限って許可した散髪を女性が真似《まね》てはならない」という女性断髪禁止令を出す。新聞は「女性の断髪もとより我古俗《わがこぞく》にあらず、また西洋文化の諸国にも未《いま》だかつてその醜体陋風《しゆうたいろうふう》見るに忍びず」と酷評した。いまのガングロ女の醜体は「見るに忍びず」どころではないぞ。

と書いて、まだ半年もたたぬうちに、実は、もう巷にはガングロも厚底靴も姿を消して、つぎの流行にギャルどもは狂奔している。流行と無関係に生きている老骨はただ目を白黒させている。女性の流行に弱いこと改めて評するの要なしか。

227 「汽笛一声新橋を」《きてきいっせい》――最初の鉄道の開通式

―一八七二年―

新橋・横浜間の日本最初の鉄道の開通式は、明治五年（一八七二）九月十二日におこなわれた。その日の新橋ステーション周辺は、文明開化のシンボルである陸蒸気《おかじょうき》を見物する群衆でごった返した。そして、明治天皇を乗せた十輌《りょう》編成の汽車は、午前十時に新橋駅を発車して、一時間かかって横浜駅に無事到着した。

が、着いたといわれても降りようとしない客が何人もいたという。東京から一日がかりであった横浜に、こんなに早く着くはずがないと、納得しなかったからである。いま新幹線のぞみなら十五分。これら疑い深いお客さんは心臓マヒを起こすにちがいない。

当時の太政官布告「鉄道列車出発時刻及賃金表」には、客車の等級は横浜・品川間で一等一円五十銭、中等一円、下等五十銭となっている。下等でも、米が一升三銭七厘とかいう時代である。ウヘエーとうなるほど、庶民には高すぎた。しかも乗客は発車十五分前までに切符を求め、うやうやしく乗車をお願いしなければならなかった。

そんな話はいっぱいあるが、どうしても書きたくなるのは、大和田建樹の「鉄道唱歌」――汽笛一声《きてきいっせい》新橋を／はやわが汽車は離れたり／愛宕《あたご》の山に入りのこる／月を旅路の友として……これを読みながらついつい口ずさむ人は、恐らく古い人ばかりなんだろうな？

228 「魔法で生き血をしぼられる」——官営富岡製糸場の操業開始　一八七二年

近代日本は極論すれば紡績業の上に建設されたといっていい。若い女性の血と汗と涙によって造られた絹や生糸、それで稼いだ金で、軍艦や鉄砲を造ったのである。

西欧列強と対抗するため、政府がまず殖産興業を急務として、ともあれ製糸業と考えたのは早く、明治五年（一八七二）には、群馬県の富岡製糸場の建設がはじまっている。二月に工事が開始、完成は七月。フランス人の設計で、二階建の堂々たるレンガ造り。建築材料から機械までフランスから運んできた。ついでに指導のための技術者はフランス人女性四人。彼女たちが日本人女性四人にはじめて糸取り技術を教えたのである。

ところが、当時は「外国人に魔法で生き血をしぼられる」という噂《うわさ》が広まったために、工女のなり手がなく、鉦《かね》や太鼓で大募集。どうやら操業をはじめたのが同じ年の十月四日のことである。こうして国家建設のための頼みの工女は翌年一月には四百四名になったとか。

父に説得されて工女となった松代藩士の娘和田英の『富岡日記』に、当時の工女の生活の様子が詳しく書かれている。この事実は、武士の娘が率先して工女にならなければ、庶民の子女は誰もついていかなかったことを物語る。文明開化で身分制度がなくなったとはいえ、まだ社会は旧態依然であったのであろう。

229 「血税反対」——国民皆兵の徴兵令　一八七三年

ことの起こりは、前年の明治五年十一月二十八日に、太政官から出された国民皆兵の徴兵告諭のなかに、「凡《およ》そ天地の間、一事一物として税あらざるはなし。以て国用に充《あ》つ。然《しか》らば即ち人たるもの、心力を尽し国に報ぜざるべからず。西人之を称して血税という。その生血を以て国に報ずるの謂《いわれ》なり」の一節にあった。

明治六年（一八七三）一月十日に「徴兵令」が公布。いやあ、びっくりしたのは国民である。「告諭」のなかの「血税《けつぜい》」とか、「生血を以て国に報ずる」という文字が、改めて問題として浮かび上がってきた。百姓や町人たちは、生血を吸われては生命がないと誤断し、煽動《せんどう》屋がそれに火と油をそそいだ。

「政府は徴兵卒の血で葡萄《ぶどう》酒をつくり外国人にご馳走《ちそう》する」「旗、毛布、帽子の赤色は徴兵の生血で染める」などの流言が、日本全土を活発に走った。ちょうど学制頒布《はんぷ》と重なり、「小学校は徴兵のために人を誑《たぶらか》す所なり」とささやかれ、いっそう徴兵反対の声が高まった。「清国とロシアとに対峙《たいじ》するわが国としては兵力の強化以外に国防はない」と確信し、徴兵制度の導入を強く主張した山県有朋も、さすがに呆《あき》れかえって声も出なかったという。

日本に徴兵制が布《し》かれたときの大騒動である。

230 「目の黒いうちは所信を曲げぬ」──「征韓論」の空しくなった日　一八七三年

徳川幕府にかわり外交の衝《しょう》にあたるのは新政府である、とする明治新政府の修交の申し出を、朝鮮国は認めようとせず、新日本を完全に無視した。そこから明治六年（一八七三）の秋口から、西郷隆盛がかの国に渡り談判し、それが成らないようならば断固たる決意を、といういわゆる「征韓論《せいかんろん》」をめぐっての論戦が起こったのである。

十月十三日より連日同じ議論が蒸し返されたが、二十二日が決定的な日となった。征韓派の西郷隆盛、副島種臣《そえじまたねおみ》、板垣退助、江藤新平の四参議が、太政大臣代理の岩倉具視《いわくらともみ》を訪ね、最後の膝《ひざ》詰め談判におよんだ。

しかし、西郷渡航に反対の大久保利通派である岩倉は、「病気の三条実美《さねとみ》公にかわって、はっきりと申し上げる。明日、陛下に西郷派遣に反対であると奏上する。諸君はしばらく勅命の下るのを待ったらよかろう」

同席していた桐野利秋が憤激のあまり二度、三度と刀のつばを鳴らした。岩倉は、「目の黒いうちは所信を曲げぬ」と言い切った。岩倉邸を辞したとき、西郷はしみじみと言った。

「さすがは岩倉さんじゃ、よう踏ん張ったのう」

翌二十三日、明治天皇は岩倉の意見を容認する。征韓論派はここに敗北した。

231 「裁判長、私は……」——佐賀の乱はじまる

一八七四年

大隈重信の座談を読んでいたら、面白い話にぶつかった。維新直後の江戸で彰義隊が大いに気勢をあげ、人心は恐々として不安におびえていた。このとき、熱弁をふるって法の正義を説き、かかる無法の輩は一挙に殲滅《せんめつ》するにしかず、と攻撃態勢を作り上げた黒幕は江藤新平である、というのである。なるほど、江藤ならやりそうなことよ、と大いに納得した。日本人には珍しい大雄弁家にして大論理家。しかも遵法《じゅんぽう》精神の権化。

明治二年十二月、彼は数名の暴漢に襲われた。ところが、この暴漢がただちに藩邸に自首した、と知らされると、その遵法精神を称揚して「罪一等を減じられたい」と藩に主張したというのであるから、精神構造のカチカチなことがよくわかる。

江藤の詠んだ歌がある。「ますらをの涙を袖にしぼりつつ迷う心はただ君が為め」。まさに益荒男（大丈夫）ぶりの歌である。遅れてきた維新の志士であったのかも知れない。

そんな江藤が明治新政府の政策に反抗し、征韓攘夷《じょうい》を旗印に武力反抗の決起をしたのが、明治七年（一八七四）二月一日。佐賀の乱である。しかし、新政府討伐軍に破られ、四月十三日には略式裁判で梟首《きょうしゅ》の刑に処せられる。最期の言葉「裁判長、私は……」。あとは制せられ聞こえなかった。裁判長は彼の雄弁をよくよく承知していたのであろう。

232「尊敬し合い、愛し合い」――日本初の契約結婚

―一八七五年―

「第一条　こんご森有礼は広瀬つねを妻とし、つねは森を夫とすること」
「第二条　二人とも約条を廃棄しないかぎり、尊敬し合い、愛し合うこと」
「第三条　双方の同意なくして夫婦共有財産を、他人に貸借・売買しないこと」

以上は、東京築地の森有礼の邸で行われた日本初の契約結婚の契約書に書かれていた三ヵ条である。証人の福沢諭吉と当人同士の署名もすんで、これも当時としてはまことに珍しい立食パーティーの婚儀は、拍手の中にめでたく終了した。何から何までハイカラづくめ、明治八年（一八七五）二月六日のことである。

さすがに世の人びとはびっくりした。当時の新聞は「ああ盛んなり男女同権の論かな、美なり開化の御婚礼かな」と、褒めているのか冷やかしているのか、とにかくセンセーショナルに扱った。しかもその後も森は貞潔を守り通した。東京の花柳界では「無風流者」と呼ばれ、仲間からは話せない奴と笑われたが、本人は少しも意に介するところがなかった。

いいですか、この話は志士や豪傑の気風の残る明治のはじめなんです。いまだに「尊敬し合い、愛し合い」なんて恥ずかしくていえないや、などと照れる人は近代化されていない証拠でありますぞ。

233 「どちらさまも、ご免くださいまし」——新門辰五郎の傑作な辞世

一八七五年

わたくしは時に肩書を「作家」と書かれるけれど、小説はいままで二本しか書いたことがない。なかで小説らしい小説は『幕末辰五郎伝』(ちくま文庫)一冊だけ。で、今回は新門辰五郎の話とする。それに戊辰《ぼしん》戦争における東軍贔屓《びいき》のためか、幕末騒乱において、徳川のために尽くした人には点が甘くなる。外したくなくなる。

この人は江戸は浅草の火消の頭である。というよりも、娘がひょんな縁から徳川慶喜の妾《しょう》になったことから、将軍になる前の慶喜のために、京都において身を挺《てい》して護衛の任についた人、と紹介したほうがよかろうか。そして抗戦か恭順かの、最後の段階では勝海舟の頼みで、いざとなったら江戸を火の海にして西軍を焼き殺す策を立てた人でもある。頼まれたら何なりとも嫌とは言わず、命を的に挺身する江戸っ子の中の江戸っ子といえようか。

明治八年(一八七五)九月十七日が命日。享年七十七。俺には観音様がついていて下さると、最後までそう信じ感謝しながら「どちらさまも、ご免くださいまし」と、静かに息をひきとった。辞世といわれている傑作な歌がある。

「思ひおくまぐろの刺身ふぐの汁ふつくりぼぼにどぶろくの味」

これの解釈は遠慮しておく。もって察せられたい。

234「日曜は休日とすべし」——日曜日の設定された日

一八七六年

サラリーマン生活からおさらばをして、毎日が日曜日の暮らしをつづけていると、休日の感覚が失われてしまう。で、いっそう痛切に感じるのかも知れないが、なんでちかごろはやたらと連休が多いのか。曰く歴史的因縁のあるゆえに××の日（たとえば七月二十日は海の日）ときめられたはずなのに、連休を増やすために別の日を移したりしている。そんな余計なことをするから、日本人は歴史感覚をますます喪失するばかり、と慨嘆にたえない。

当然のことながら、昔は日曜日という制度（？）すらなかった。日曜日だからって坂本龍馬が釣りに出掛けたなんて話を聞いたこともない。つまり近代になってから、と自然に思い当たる。で、早速ながら、明治元年の話ということになる。それまでの当番順にとっていた休暇を、この年の九月十八日、明治新政府は布告をだして、一・六の日をもって一斉休日にすることにした。これがはじまりである。しかし、陰暦ではうまくいかない。そこで明治五年のグレゴリオ暦（新暦）の採用と同時に、政府は「日曜は休日とすべし。土曜は正午以後は休暇たるべし」と改めて決めた。これが明治九年（一八七六）三月十二日。実施は四月一日から。

ただし、明治の人びとは言ったという、「なぜ、休まなくてはあかんのかねぇ」と。ああ、勤勉なるかな、勤勉なるかな。

235「ダンナハイケナイ」——神風連の反乱

一八七六年

征韓論で敗れた西郷隆盛以下は下野し、以後、国政は大久保利通の専制の時代に入る。が、近代化についてゆけぬ士族間に反政府的な動きは日増しに高まっていった。ちょうど三年たった明治九年（一八七六）十月二十四日夜、熊本に反政府士族の武力反乱事件が起こった。三月に発せられた廃刀令に不満をもち、この日蜂起したのである。その主役を演じたのが熊本勤皇党の激派の結社である神風連《しんぷうれん》（敬神党）である。領袖《りょうしゅう》は太田黒伴雄。総勢百七十名で熊本鎮台を攻撃する。

緒戦は神風連も頑張り、鎮台司令官種田政明、熊本県令安岡良亮らを殺害。が、刀槍《とうそう》対火砲の戦いの結末はあっけなかった。反乱は一夜にして鎮圧されてしまう。太田黒は戦死、猛者《もさ》たちはあるいは討ち死に、あるいは自害、あるいは捕らえられた。十八歳で死んだ児玉忠次の辞世の歌が泣かせる。

「君がため鎮台兵をきり殺し大江村にて腹切りにけり」

それより歴史に残る名言は、種田少将の愛妾《あいしょう》が東京の父に打った電報か。種田とともに同じ部屋で寝ていた彼女は、襲撃をうけたさい、種田を救おうとして負傷したのである。

「ダンナハイケナイ　ワタシハテキズ」

236「しもうた!」――西南戦争の発端

一八七七年

明治十年（一八七七）一月三十日、西郷隆盛は大隅半島の小根占《こねじめ》の村に泊まり、好きな狩猟を楽しんでいた。西郷はまったく知らなかった。この日、東京派遣の警部中原尚雄を捕らえ、その口から「西郷暗殺」という政府からの密命を帯びて、鹿児島に潜入したという証拠をつかんだ私学校の生徒が、夜になって、ついに蜂起《ほうき》したという事実を。

のちに中原は拷問に屈したためと、全面的に「西郷暗殺」を否定した。このために、その指令が内務卿大久保利通・警視庁大警視川路利良からでていたのかどうか、真相はいまもわからない。しかし、結果として、私学校の松永高美ら二十余人が、草牟田の陸軍省火薬庫を襲撃して小銃弾六万発を略奪したという事件が起こる。これは密偵の拷問などとは次元が違い、弁解の余地のない国家への反逆に大きく踏み込んだことである。西郷は報《しら》せを聞いたとき、

「しもうた!」

と、あまり怒りを外に表さぬこの人にしては珍しく、怒気をふくんで舌打ちしたという。

明治維新後の最大の国内戦争、西南戦争はこの日にはじまった。そして西郷が二月十五日に私学校の生徒たちを率い、鹿児島を出発したという報せを受けたとき、大久保は日記に「朝廷にとり不幸中の幸いであると、ひそかに笑いがとまらなかった」と書いたという。

237 「越すに越されぬ田原坂《たばるざか》」——田原坂の激闘

一八七七年

この歴史的事実を書こうとすれば、もう否応なしに歌がでてくる。

〽雨は降る降る人馬は濡れる　越すに越され《ぬ》ぬ田原坂《たばるざか》……。

熊本城を包囲した西郷隆盛軍は、北から迫る政府軍を田原坂で迎え撃った。西郷軍からすれば、鎧袖《がいしゅう》一触で蹴散《けち》らせるはずの戦いであった。が、戦闘は雨中の激戦につぐ激戦となり、結果として明治十年（一八七七）三月二十日、町人や農民によって編制された政府軍が、武士の集団である西郷軍を破り、この要衝を占領する。大きく言えば、西南戦争における西郷軍の敗北はこの日に決定的になったのである。

「西郷戦争は嬉《うれ》しかったげな。上が弱うなって貰《もら》わにゃ、百姓ん世はあけん」と、石牟礼道子さんは『西南役伝説』で、痛烈な聞き書きを記している。

が、はたして上が弱くなったか。戦争の結果は、徴兵主義の長州出身の山県有朋が、士族主義の薩摩系軍人の息の根をとめ、「陸の長州」の道を大きくひらくことになったのである。

いま田原坂を訪れると、とても屍山血河の様など思い描くことはできぬ。綺麗に整備された公園。ではあるが、自然と歌が口をついて出てくる。

〽右手《めて》に血刀左手《ゆんで》に手綱《たづな》　馬上ゆたかな美少年……。

238 「少年よ、大志を抱け」——クラーク博士との別れ

一八七七年

明治十年（一八七七）四月十六日、アメリカから派遣されてきていたウイリアム・S・クラーク博士は、札幌農学校にこの日に別れを告げた。名残を惜しむ生徒たちは馬で恩師を追った。博士は、生徒ひとりひとりと握手をかわすと、ふたたび馬上の人となり、

「ボーイズ・ビー・アンビシャス」

と叫んで林の中に消えていった。昔の人なら、誰《だれ》もがよく存じている話である。

さて、これをどう訳すべきか。「少年よ、大志を抱け」がふつうである。が、なかにいくらかヘソの曲がった人がいて、「大志」とやったんでは、品がよすぎて、原語「アンビシャス」のもつ〝たくましさ〟がなくなって駄目だ、と文句をいう。それで「野心的であれ」と訳すほうがいい、との説もあるそうな。

いや、実は、そのあとに「ライク・ジス・オールド・マン」という言葉がついていた。で、「少年たちよ、この私のように覇気をもて」と訳すのが正しいという説もあるとか。

ついでに言うと、クラーク博士の作成した農学校の寮則に「生徒ハ米飯ヲ食スベカラズ。但《タダ》シ、らいすかれーハコノ限リニ非《アラ》ズ」とあり、ライスカレーは博士の新造語であるそうな。昨今は「大志」よりもこっちのほうがよく知られている。

239「児孫の為《ため》に美田《びでん》を買わず」——西郷隆盛、城山に死す ——一八七七年——

明治十年（一八七七）九月二十四日、包囲された城山はついに陥落した。「倒るる者、走る者、縛《ばく》せらるる者、屠腹《とふく》する者、白旗をふって降を乞《こ》う者、一山紊乱《びんらん》。隆盛みずから出て保塁に向かわんとす。たちまち銃丸、股《こ》を貫いて立つあたわず。別府晋介、急にその頭を斬《き》り、氈《せん》に包んでこれを埋匿《まいとく》す。時に午前第七時なり」

鹿児島県編集『丁丑乱概』の描く西郷隆盛の死の場面である。享年五十一。

さて、西郷さんとなれば、歴史的名言は山ほどもある。「敬天愛人」もいい、「人を相手にせず、天を相手にせよ」、「凡そ思慮は平生黙坐静思の際に於いてすべし」もいい。「命もいらず名もいらず官位も金もいらぬ人は始末に困るものなり」のほうがいい。あれもいいこれもいい。迷うばかり。いずれも迫力満点にぐいぐいと迫ってくる。

結局は、人それぞれ自分の好みのそれを挙げるほかはない。ここでは旧制中学の漢文で習った「偶成」を選ぶことにする。読み下し文で書くと——

「幾たびか辛酸を歴《へ》て志始めて堅し／丈夫は玉砕すとも甎全《せんぜん》を愧《は》ず／我が家の遺事、人知るや否や／児孫の為《ため》に美田《びでん》を買わず」

とくに、最後の一行がいい。子孫に残すべきは物質よりも精神であると。同感である。

240「国賊《こくぞく》！　天誅《てんちゅう》だ！」──大久保利通の遭難　──一八七八年──

明治十一年（一八七八）五月十四日、内務卿大久保利通は赤坂の仮御所に向かう途中、島田一郎たちに「国賊《こくぞく》！　天誅《てんちゅう》だ！」と襲われ、四十七歳で世を去った。遭難の地は紀尾井坂の坂下であった。いまそこは公園になっていて、大きな碑が建てられている。

明治新政府が成立すると、大久保は政府の中核にあり、富国強兵、殖産興業の政治理念のもと、さまざまな改革をつぎからつぎへと断行した。西郷隆盛らと征韓論をめぐって論争したとき、「政府多費、もし外役《がいえき》を起《おこ》せば、賦斂《ふれん》重く、民業萎縮《いしゅく》し、物価騰貴《とうき》、外債増加せん」といい、「いまは外のことより、日本という国の内部を固めねばならぬ時で、朝鮮などと戦争を始めようものなら、中国やロシアも相手にしなければならなくなる」と大久保は強硬に反対論を主張した。このほうが正当で健全な考え方であろう。

また、よくこんなことを口にしたという。

「わしの国（薩摩）のものは、政治には役立ちません。戦さにはもってこいだが……」

このために、長年の友西郷隆盛を見捨てるような冷徹にして冷酷な政治家の印象が強まるが、家族や下僚には面倒見のよい温和な人であったという。破壊ではなく、建設には合理的な政治手法が大事である。いくらかは惜しい人を早死にさせたような気がする。

241 「父の仇覚悟せよ」——日本最後の仇討ち　一八八〇年

明治改元から四ヵ月ほど前の慶応四年五月、福岡秋月藩士の臼井《うすい》亘理《もとただ》が妻とともに暗殺された。下手人は同藩士の一瀬直久《いちのせなおひさ》。その後一瀬は東京上等裁判所の判事補となり、出世街道を順調に歩んでいた。

ところが、事件のあった当時八歳であった遺児臼井六郎が、一瀬の顔をしっかりと記憶し、山岡鉄舟の門下で剣を磨き、父母の怨《うら》みを晴らさんと、仇討《あだう》ちの機会をずっと狙っていたのである。こうして、明治十三年（一八八〇）十二月十七日に、「最後の仇討ち」が実現した。

東京三十間堀（銀座五丁目付近）の旧藩主黒田長徳の邸で、六郎は「父の仇覚悟せよ」と叫びつつ、かねて用意の短刀で一瀬を刺殺した。その後、六郎はすぐに自首するのであるが、裁判所は困惑した。すでに明治六年二月「仇討禁止令《あだうちきんしれい》」が発せられていたからで、これはもう殺人でしかなく、本来は死刑なのであろう。が、親の仇討ち一筋に生きてきた青年の純情を賞賛する世論も圧倒的である。さてさて困り抜き、裁判所は情状酌量で終身禁獄の刑を下すことにしたという。封建日本から近代日本へ、過渡期を象徴する話といえる。

ちなみに、「祖父母父母、人に殺され、子孫ほしいままに行兇人を殺す以下を廃し、もし犯すものあれば、臨時奏請して処分せしむ。厳に復讐を禁ず」。これが仇討禁止令である。

第十章　明治・十九世紀の終わり

大日本帝国への自信

242 「忠節を尽くすを本分とすべし」──「軍人勅諭」下命　一八八二年

太平洋戦争を体験した人が数少なくなったいま、時代錯誤もいい所と笑われるかもしれないが、昔はわれら少国民にいたるまで無理にも暗記させられたものであった。

「一つ、軍人は忠節を尽くすを本分とすべし」「一つ、軍人は礼儀を正しくすべし」「一つ、軍人は武勇を尚《たっと》ぶべし」「一つ、軍人は信義を重んずべし」「一つ、軍人は質素を旨とすべし」

以上、軍人の守るべき五つの徳目をかかげ、国防を軍人の最大の任務と規定するとともに、軍人の政治関与をきびしく戒めた。これが山県有朋の主導による「軍人勅諭」である。明治十五年（一八八二）一月四日、明治天皇より陸軍卿大山巌に下された。

それいらい、昭和二十年八月の敗戦まで「天皇の軍隊」である日本陸海軍の、この教えが精神的支柱になった。とくに「忠節」の条の、軍人は「世論に惑わず政治に拘らず、只々一途に己が本分の忠節を守り、義は山岳よりも重く、死は鴻毛《こうもう》よりも軽しと覚悟せよ」の一行の与えた影響は大きかった。

と書きたいが、さてさて昭和日本においては、この大切な教えを守らなかった政治介入の軍人が続出したことは、すでにご承知のとおりである。軍部の暴走が国を亡ぼした。文章は立派でも、所詮《しょせん》は紙の上の事、という典型になっている。

243 「板垣死すとも自由は死なじ」——板垣退助の遭難　一八八二年

近代から現代へ、日本政治史上の名文句はかなり数多い。なかでも堂々としていて、迫力のあるのは、岐阜で遊説中に、危うく暗殺されようとしたとき、自由民権論者の板垣退助が暴漢を払いのけて叫んだという言葉。他を押し退けて断然秀逸である。

「板垣死すとも自由は死なじ」

と、自由の尊《とうと》さを国民に示した。ときに明治十五年（一八八二）四月六日。なんであるが、事実はどうも違うようなのである。この名言は後に新聞記者の小室信介が作って、見事に演出してみせたものという。本当は「痛くてしょうがないので、早く医者を呼んでくれ」であったとか。

こうなると、身も蓋《ふた》もない話となって、書いているほうも元気がでなくなる。で、間違いない板垣の名言を二つご紹介する。「我《わが》国民はいたずらに坐《ざ》して自由と憲法の与えらるるを待つが如《ごと》き卑屈無気力なる国民にあらず。実に自分から起《た》って、これをかちえる摯実《しじつ》剛健なる国民なりき」。「起って憲政の樹立を要請するなくんば、決してこれを望み得べくもあらず」。板垣という人はやたらに決起するのがお好きであったようである。といいつつも、いまの日本人ははたして板垣のいうがごとく剛健かどうか。卑屈無気力にあらざるか。

244 「天子様の御孝道を妨げる」——岩倉具視の精神論 ——一八八三年

幕末維新には面白い人物が山ほどもでた。中でどうしても好きになれない人がいる。勤皇公家の岩倉具視《いわくらともみ》がその一人で、孝明天皇の毒殺説の背後にこの人の影がちらちらするだけで、奸《かん》物《ぶつ》といいたくなる。でも、この人なければ維新後の天皇中心の明治国家建設はうまく運ばなかったのではないか。明治十六年（一八八三）七月二十日、五十九歳で亡くなった。

亡くなる寸前の言葉だって好きにはなれない。ドイツ人医師ベルツが容体は絶望的といったとき、「これは俺一身の事柄ではないのだ」といったそうな。俺が死ぬのは国家の一大事だなんて、自負もここまでくると人間離れしている。

けれど、この人の面影のよくでているいいお話を一つ。明治の初め、かつての攘夷《じょうい》派の残党的高官は鉄道建設にはげしく反対していた。「貨幣と同じ鉄でレールを造るとは、もっての外である」というまことにお粗末な理屈で。これに岩倉がガンとして立ちふさがった。

「何を言うか。天子様のご先祖の霊はことごとく関西方面に眠っていられるのだぞ。もし鉄道が開通すれば、天子様の先祖祀《まつ》りもやりやすくなる。これに反対するというのは、天子様の御孝道を妨げることになる。不敬の極《きわ》みなり」

まさに勤皇公家の精神論が日本近代化に役立ったことになる。

245「オッペケペー」――川上音二郎の政治演説

一八八三年

自由党の壮士から歌舞伎俳優に、さらに寄席にでて「オッペケペーのペッポッポッポ」と歌いつつの政治批判で一世を風靡《ふうび》したのが川上音二郎。このときの川上の扮装は後ろ鉢巻きに陣羽織、日の丸の軍扇をもつという、かつてさんざんに失敗を演じた『八犬伝』の御注進役のそれであった。観る人は扮装だけで仰天した。

しかし、さすがに政治家を志した人だけに弁舌が立った。しかも自由民権論者として激しく当局批判をぶちあげるので人気上々、官憲にはつねに睨《にら》まれつづけた。おかげで投獄されることなんと百八十回。明治十六年（一八八三）九月十三日のこの日も、集会条例違反にひっかけられて、政治論議することを一年間ゼッタイに禁止されている。夫人の川上貞奴いわく、

「川上はあくまでも政治家として立つ決心でした。けれども代議士選挙に二度落選、こればかりはどうにもなりませんでした。そのための手段であった芝居という横道にそれてしまい、それが本筋になって、一生を不本意のうちにおくりました。でも、人に負けるのが口惜《くや》しくて、それで大そう派手で華やかに……」

最近の世にはびこる毒舌タレントに、これほどの闘志と使命感ありや、とつくづく考えさせられる。

246「吾《われ》はもとより無用の人」——成島柳北の痛快な生涯 ——一八八四年——

浅草生まれ、外国奉行、ついで会計副総裁。しかし、幕府の倒壊で、向島に隠棲《いんせい》する。このとき三十二歳。その才能を惜しんで、新政府は何度も勧誘したが受け付けず。「朝野新聞《ちょうやしんぶん》」の招きには応じ、ジャーナリストとなる。記者としてやったことは政府攻撃の一本槍《やり》。発禁、入獄も恐れない。知る人ぞ知る、成島柳北《なるしまりゅうほく》というスッキリとした江戸っ子のことである。

痛快な言葉を数多く残している。「吾《われ》はもとより無用の人。何の暇《いとま》かよく有用の事を為《な》さん」。有用の人になりたがる連中の多いとき、なかなか無用の人と自分を規定し世を捨てられない。「大臣参議諸公はあえて平民と異なる者に非らざれど、よくよくその月給と旅費とを計算してその貴重なることを解すべし」。いまの議員諸公に捧げたい。「昨今の芸者の質の落ちたのは、田舎出の藩閥官吏どもがカネにあかせて遊ぶからなり」。同感々々。

この反骨の人が死んだのが明治十七年(一八八四)十一月三十日。享年四十七。向島の、芭蕉の「雪見の句碑」で名高い長命寺に、柳北の碑がある。悪戯《いたずら》小僧に鼻を叩き割られてしまって、長い顔がいっそう長くみえ、まこと、馬面《うまづら》の仲間として心憂にたえぬ。

「これはしたり世は逆さまになりにけり　乗った人より馬は丸顔」

柳北のことを詠んだ風流才士の福地源一郎こと桜痴《おうち》の作である。

247「国家の須要《しゆよう》に応ずる人物を」――東京帝国大学の誕生 ――一八八六年――

東京帝国大学は明治十九年（一八八六）三月二日、帝国大学令の公布により誕生した。三宅雪嶺『同時代史』によれば、帝国大学と称したこと「それのみにて世間の荒胆《ぎも》をひしぐに足る」ほどのことであったらしい。当時の民衆にはおよそ帝国なんて馴染みのない、堂々すぎる言葉であったようである。

そのとき公布された帝国大学令の第一条には、建学の趣旨を記して「帝国大学は国家の須要《しゅよう》に応ずる学芸技芸を教授し、およびその蘊奥《うんのう》を攷究《こうきゅう》するを以《もっ》て目的とす」とある。これが大正七年（一九一八）には、「教授」と「攷究」の目的のあとに、もうひとつ「兼ねて人格の陶冶《とうや》および国家思想の涵養《かんよう》に留意すべきものとす」という文句が加わった。

つまり、前段の「国家の須要なる」と、後段の「国家思想の涵養」の二句で明らかなように、東大建学のそもそもの趣意は、国の役に立つ官僚と技術者の養成にあった。外国に「追いつき追い越せ」という明治日本の悲願が、この大学の建学にこめられていた。

さて、今の東大はどうか。国のための学問、というよりも、自分のために大いに働いている官僚や技術者をつくるところとはなっていないか。「痩《や》せたソクラテス」はいなくなって「太った豚」ばかり、なんていまさらいうのは野暮もいいところか。

248 「布地は国産のこと」――「婦人に洋服を」勧告令 ――一八八七年

なんでもかんでも西洋化に庶民はようついていけない。「大丈夫かな?」が先に立つ。そこで、明治の〝文明開化〟の先頭を切ったのは皇室であった。明治天皇は率先して洋服を着たし、誰《だれ》よりも先に牛肉を食べた。昭憲皇太后もみずから洋服を着ることに熱心になっただけではなく、思召書《おぼしめししよ》を下付して婦人が洋服を着ることを奨励した。これが明治二十年(一八八七)一月十七日のこと。しかも勧告は「布地は国産のものが望ましい」と諭している。

「もしよく国産を用い得ば、かたわら製造の改良をも誘い、美術の進歩をも導き、兼ねて商工にも益を与えること多かるべく……」

と「追いつけ追い越せ」のスローガンのままに、後進国のいじらしさも勧告にはこめられている。ここにある「美術」とは書くまでもなく服飾のこと。

それでも、大正天皇即位式のとき、式典出席の婦人の大半が袿《うちき》と袴《はかま》であった。それほど婦人洋装化は遅々たるものであったのに、いまは着物奨励の勧告でも出さないことには、世界に誇る日本の着物美術は消え失せんばかり。まさしく今昔の感である。

それと着物が服飾から消えるのと比例して、大和撫子《やまとなでしこ》がいなくなった。ちかごろの東京なんか人種の坩堝《るつぼ》のニューヨークにいるんじゃないかと錯覚する。余計なお世話か。

249「どこかのカジノに似ている」――鹿鳴館時代の大仮装舞踏会　一八八七年

明治二十年（一八八七）四月二十日、首相官邸で伊藤博文首相の主催で、仮装舞踏会が開かれた。紳士たちが夫人同伴で参加し、参会者は約千三百名。これが鹿鳴館《ろくめいかん》時代の最高に華やかなとき。というよりも、最高にバカ騒ぎをしたときというべきか。

伊藤首相はベニスの貴族に、山県有朋内務大臣は奇兵隊士に扮《ふん》して、踊りに興じた。一日も早い不平等条約の改正をめざす明治政府は、いかに日本人が野蛮でないか、文明人化しているか、世界にだされても恥ずかしくないかを西欧列強に示すために、懸命の努力をそそぐ。それが鹿鳴館での連夜の夜会となったのである。

館名は、『詩経』鹿鳴詩のなかの「鹿鳴き群臣嘉賓燕《かひんえん》するなり」にちなんで命名された。所在地はいまの帝国ホテルの南隣り。ある生保会社本社ビルになっている。そこに立って当時を偲《しの》んでみると、日本人の一心不乱の様が浮かんできて、なんとなくうら悲しくなってくる。

フランスの作家ピエール・ロチは、当時海軍士官として鹿鳴館に招待されている。そのときの印象を『秋の日本』に書いている。

「鹿鳴館そのものは美しいものではない。ヨーロッパ風の建築で、出来たてで、真っ白で真新しくて、いやはや、われわれの国のどこかの温泉町のカジノに似ている」

250「浮いた浮いたと浜町河岸《はまちようかし》に」──「箱屋殺し」の真実 ──一八八七年

明治二十年（一八八七）六月一日、伊藤博文は伊東巳代治や金子堅太郎たちと「大日本帝国憲法」の草案づくりを開始した。と、話を大きくして書き出して、とたんにいちどきに小さくなる。その月の九日の夜、日本橋区浜町河岸で、かつて新橋の芸者秀吉として艶名《えんめい》をはせ、のちに待合《まちあい》「酔月」の女将《おかみ》になった花井お梅が、箱屋の峯吉こと八杉峯三郎を出刃包丁で刺殺して、久松署に自首してきた。これがいわゆる「箱屋殺し事件」。

憲法がどうのより、こっちのほうが当時もセンセーショナルに新聞で連日報ぜられるは、新内や芝居になるはで……。昭和になってからも、川口松太郎の小説『明治一代女』に描かれ、ついでに流行歌で歌われるはで、この事件はいまも色っぽく語り伝えられている。

〽浮いた浮いたと浜町河岸《はまちようかし》に……

が、『警視庁史』には、「公判記録によると、それほど興味深い内容ではなかったようである」なんて書かれている。実は「酔月」の経営をめぐって没落士族の実父の専之助と対立、実父に味方した峯吉を恨んで殺した、という金がからんだ散文的な事件であった。

犯人が美人であると、悪のヒロインとなって後世まで語りつがれるんであるな。美人は損か得か。おのがカミさんの顔をみながら、ちょっと考えてみよう。

251 「絹布《けんぷ》のハッピ」——大日本帝国憲法の発布

一八八九年

明治二十二年（一八八九）二月十一日、大日本帝国憲法が発布された。来日中のドイツ人内科医の、ベルツ水で知られたベルツが日記に書いている。

「全東京は、十一日の憲法発布の前準備のために、筆舌に尽くしがたい興奮の中にある。至るところ、奉祝門、照明の準備、行列。しかし滑稽《こっけい》なるかな、ひとりとして憲法の内容を知らないとは」

中江兆民は「憲法果たして如何の物か。玉かはた瓦か。いまだその実を見るに及ばずして、その名に酔う。わが国民の愚にして狂なる、何ぞかくのごとくなるや」と自嘲した。

これらを読むたびにおのずと笑いがもれてしまう。でも、無理はなかった。当時は憲法草案も議事録もその日までは門外不出、審議も極秘裡《り》にすすめられた。で、熊さん八つぁんは「憲法発布」を「絹布《けんぷ》のハッピ」と思い、天子さまから絹のはっぴが下げ渡される、それもタダでもらえるそうだ、こんなめでたいことはない、と大喜びした。ところが、この帝国憲法がその後の日本を……、なんていうのは釈迦に説法ということになろう。

でも、いまの日本人、はたしてほんとうによくいまの日本国憲法の内容を知っているのか、と思うと、むかしの熊さん八つぁんを笑ってはいられない。

252 「バンザイ」——万歳三唱のはじまり

一八八九年

いまも日本人は何かめでたいことがあると、万歳を三唱する。会の終りなんかもまた然り。近代日本になってこれが習慣的になったのであるが、そのはじまりは……事物起源事典みたいなものは共通して説明してくれている。たとえば、つぎのはその一つ。「近年万歳を高唱することは、明治二十二年（一八八九）二月十一日、すなわち帝国憲法発布の盛典挙行の日、大学生等が明治天皇の観兵式《かんぺいしきみ》行幸《ゆき》鹵簿《ろぼ》を拝して『万歳』を歓呼したのに始まる」

これで間違いはないが、この大学生は東京帝大の学生である。そしておかしいのは、謡曲の『高砂』に「さてバンゼイ（呉音）のをみ衣」とあり、また別のところに「マンザイ（漢音）楽には命を延ぶ」とあるように、バンザイじゃ呉音漢音まぜこぜの重箱読み。当時も反対の声があったが、めでたいのだからかまうものか、ということになった。最初の発案者は和田垣謙三教授。これがいまでいうタレント教授。

いらい、バンザイは国家体制を完成させるためにやたら使われるようになる。国家にたいする忠誠の要請は、天皇にたいする忠誠競争という形をとっていく。「天皇陛下バンザイ」との叫びとともに、天皇は祭られる神になっていく。そして昭和の戦時下には……。

で、バンザイが嫌いで、シャンシャンシャンシャンの三々七拍子で、と主張するのを常とする。

253「父母ニ孝ニ兄弟ニ友ニ」——「教育勅語」の発布　—一八九〇年—

「いまどきの若いものは」と最初に口にしたのはソクラテス、という説がある。となると人類始まって以来のことらしい。で、いまもときどき古老が若者の無礼・無作法を憤って「教育《きょういく》勅語《ちょくご》」復活を高唱するのであろう。戦後日本人には無縁のこの「教育勅語」（正確には「教育ニ関スル勅語」）は、道徳による国民思想の統合を期すために、山県有朋首相の旗ふりで、天皇側近の元田《もとだ》永孚《ながざね》や法制局長官の井上毅《いのうえこわし》が中心となり、修正すること十数回をへて草案がつくられ、明治二十三年（一八九〇）十月三十日に発布された。

「朕惟《ちんおも》フニ我カ皇祖《こうそ》皇宗《こうそう》国ヲ肇《はじ》ムルコト宏遠《こうえん》ニ徳ヲ樹《た》ツルコト深厚《しんこう》ナリ」

懐かしく思うであろう人のために書いてみた。わが小学生時代、「御名御璽《ぎょめいぎょじ》」が読まれるまで頭を下げていて、鼻水が垂れて垂れて大いに困りぬいたことを覚えている。

こうしてはじまる勅語には、確かに「父母ニ孝ニ兄弟ニ友ニ、夫婦相和シ朋友相信シ」というような結構な言葉がある。いまどきの若いものにも読ましてやりたい人間として守るべき徳目がいっぱいある。しかし、結局は、その根本のねらいが「一旦緩急アレハ義勇公ニ奉シ」が象徴するように、忠君愛国・滅私奉公の精神なり、と戦後の民主主義には仇敵視《きゅうてきし》されつづける。で、古老の「いまどきの若いものは」の叫びは、常に空しいことになっている。

254 「十二階」――浅草・凌雲閣の大人気

―一八九〇年―

「阿呆《あほう》と煙は高いところに登りたがる」という実に差別的な言葉がある。幼少時代から木登りの好きであった私などは、まさしく阿呆の仲間ということになる。現代もどんどん建物が高くなる。日本人は昔よりかなり愚かになったのかも知れない。そんな冗談はともかく、明治日本では何といっても浅草の「十二階」と通称された凌雲閣《りょううんかく》が、文明開化の象徴として大人気。この大々的な建築工事が明治二十三年（一八九〇）一月にはじまり、落成が十月で、そして十一月十三日に開場の運びとなった。

当時、東京には十二階より高い建物はなかった。最上階の展望台より眺めると、千葉県や埼玉県、神奈川県から、武蔵野の一帯が見渡せたのであるから、これはお利口さんだって登りたくなる。しかも望遠鏡があって、一回二銭で貸していた。いまの東京タワーというわけである。で、石川啄木の短歌がある。「浅草の凌雲閣にかけのぼり息が切れしに飛び下りかねき」。夏目漱石の句もある。「登りたる凌雲閣の霞かな」。正岡子規の「秋晴れて凌雲閣に人小さし」という句もある。漱石も子規も、啄木もこのときばかりは馬鹿になったとみえる。いや、子規は登っていないのかな。

この十二階は、大正十二年の関東大震災で焼け崩れた。

255 「万機公論《ばんきこうろん》」――第一回帝国議会の召集　一八九〇年

明治新政府は「五箇条の御誓文《ごせいもん》」にある「広く会議を興《おこ》し万機公論《ばんきこうろん》に決すべし」を大いなる政治理念としていた。そしてこの御誓文に基づいて、自由民権の思想がひろまり、明治憲法の発布へとつづき、さらに第一回帝国議会を召集するという近代国家らしい盛事にまでたどりつく。実に明治二十三年（一八九〇）十一月二十五日、日本が天皇を元首とする議会政治という新しい政治体制に入った日である。

この日は小春日和で、日比谷の議事堂には自家用の人力車や馬車でのりつける新議員の列は絶え間なかった。しんがりは輪タクでかけつけた新議員の中江兆民。

が、中身をよくよく見れば、当時の代議士が選出される選挙権は男子のみ、それも国税を十五円以上納めたもの。というから、何と当時の人口のわずか一パーセント。「万機公論」は絵に描いたもちに等しかった。

ま、とにかく、「万機公論」は民主主義の基本、この壮大なる理念だけはいまも忘れないで欲しいもの。戦前の議会政治が軍閥や財閥の権力にしてやられてしまったように、いまの議会政治も、官僚や世襲議員や政党派閥の権力争いやらで、フラフラすることのなきよう願っておく。一部の国民の声だけじゃ、万機公論とは言わないのである。

256 「司法権の独立こそ国家の命脈」――大津事件の児島惟謙 ――一八九一年――

明治二十四年（一八九一）五月十一日、国賓のロシア皇太子は琵琶湖を遊覧、すっかりご機嫌であった。その直後、まさか殺されそうな危険にあうとは思いもしなかった。しかも警衛の津田三蔵という巡査が斬《き》りかかってくるとは……。

日本政府は大津市で起こったこの傷害事件に愕然《がくぜん》となった。強大な陸軍国ロシアの尊貴な皇太子を傷つけたとあっては、戦争になってもおかしくはない。さっそく御前会議がひらかれ、「哀れのきわみなれど津田を死刑にして、ロシアの怒りをなだめるほかはない」と閣僚の意見は一致した。これにたいして大審院長児島惟謙《こじまいけん》が頑として立ち塞《ふさ》がった。

「内閣がいかに決議しても、法律の精神に反する解釈には断じて応じられません」

なぜならば、日本の皇室に対する罪を定めた規定を、そのまま外国の皇太子に応用することはできぬ、と頑張りぬいた。

「ロシアの歓心を買おうとしてみずから法を曲げるようでは、国家としての自主性を危うくするものである。司法権の独立こそ国家の命脈である」と。

結果は「津田三蔵の行為は、通常人の謀殺未遂の罪に当《あた》り、彼を無期徒刑に処する」と大審院は全員一致の判決を下し、日本裁判史上に不滅の一ページをかざることになる。

257「死んでしまえば仏様よ」——清水次郎長の大往生

——一八九三年——

清水港は鬼より恐い、大政小政の声がする……をもじって、「大畑《おおはた》小は鬼より恐い、チョン松デッパの声がする」と木刀を差して大畑小学校の校庭を、親分気どりで闊歩《かっぽ》したものである。それくらい次郎長親分は広沢虎造の浪花節もあって、下町の悪ガキには人気があった。

江戸末期にはやくざの親分が街道筋には沢山《たくさん》いた。が、畳の上で亡くなったのは次郎長親分だけであるそうな。死んだのが明治二十六年（一八九三）六月十二日、享年七十四。なるほど、大往生であった。が、そんなことよりも、並のやくざでないことを天下に示したのは維新のとき。幕府の軍艦・咸臨丸が、函館をめざしながら暴風雨のため清水港へ流れ着き、新政府軍の襲撃をうけ、残留者が斬《き》り殺され、二十余名の死体は海中に投棄された。彼らの死体は波間を漂うばかりとなっていたが、後難を恐れて誰も引き揚げようとしない。次郎長はこれをみると、子分どもを総動員して収容して懇《ねんご》ろに葬ったのである。

怪《け》しからぬことをするな、賊軍だぞ。賊軍に加担するものは厳罰に処するぞ、という西軍（官軍）の脅迫にたいして、次郎長親分はいった。

「死んでしまえば仏様よ、敵も味方もあるものか」

この心意気！

258 「天佑《てんゆう》ヲ保全シ……」――日清戦争の勃発　一八九四年

実は一週間前から日本と清国の軍隊の間で戦闘は開始されている。七月二十五日の豊島沖《ほうとうおき》の海戦、そして二十七日成歓《せいかん》、三十日に牙山《がざん》、と日清両軍は正面からぶつかり合っていた。政府も戦争を既成の事実と認めた。明治天皇は「こんどの戦争は〝朕《ちん》の戦争〟にあらず、〝大臣の戦争〟なり」と最後まで反対の気持を表明していたが、ついにこれを認めた。〝眠れる獅子〟清国が朝鮮半島を制覇せんの、強硬政策をとるに及んで、日本は防衛のためにとうに起つことを決意していたのである。日清両国はそれぞれ正式に宣戦を布告する。明治二十七年（一八九四）八月一日、日清戦争の勃発である。

発せられた宣戦の詔勅《しょうちょく》は名文で、これはその後の詔勅の形を決めた、といわれている。「天佑《てんゆう》ヲ保全シ、万世一系ノ皇祚《こうそ》ヲ践《ふ》メル大日本帝国皇帝ハ、忠実勇武ナル汝《なんじ》有衆ニ示ス、朕茲《ここ》ニ清国ニ対シテ戦ヲ宣ス。……」

この宣戦の詔勅の形式は、日露戦争、第一次世界大戦、太平洋戦争の詔勅にも、ほとんど同様にして採用されている。ただ、正確なところでは少しずつ違うが、「国際法ニ悖《もと》ラザル限リ」という国際法尊重の重要な文言は、太平洋戦争のときだけはカットされていた。昭和に生きたものとしては情けなくなる話であるが。

259 「臥《が》薪《しん》嘗《しょう》胆《たん》」――三国干渉の日

一八九五年

日清戦争は日本の戦勝をもって終結する。その講和の詔勅《しょうちょく》が発せられてから、わずか二日。ロシア、ドイツ、フランス三国の駐日公使は、連れ立って日本の外務省を訪れた。立ち会った林董次官《はやしただす》はロシア公使から覚書《おぼえがき》を手渡された。

「ロシア政府は、日清講和条約の中で遼東《りょうとう》半島の割譲《かつじょう》が、朝鮮の独立を有名無実のものとなし、東洋の永久平和に障害あるものと認める。よって日本政府に対して、遼東半島の領有を放棄するよう勧告する」

という強硬な提案である。ドイツとフランスの公使も同じ勧告を差し出した。史上これを三《さん》国干渉《ごくかんしょう》とよぶ。明治二十八年（一八九五）四月二十三日のこと。

戦勝気分に酔っていた日本人は頭から冷水をぶっかけられた。が、弱小国の日本にはこの強圧を拒否し三国を相手に戦える力はない。涙をのんでその提案を承諾する。陸奥宗光《むつむねみつ》外務大臣は五月四日、回答を三国に送った。

「日本政府は三国の友誼ある忠告に基づき、遼東半島の永久所領を放棄することを約す」

そして世論は「臥薪嘗胆《がしんしょうたん》」を合言葉にひとつにまとまった。マスコミは、いずれの日にかこの復仇《ふっきゅう》をせんと、国民を煽《あお》った。のちの日露戦争の遠因の一つがここにある。

260 「柿くへば鐘が鳴るなり法隆寺」——正岡子規の奈良での名句 一八九五年

明治二十八年（一八九五）八月、日清戦争に従軍して健康を害した正岡子規は、松山市の夏目漱石の下宿「愚陀仏庵《ぐだぶつあん》」に転がりこんだ。そして五十四日目の十月十九日に、病小康をえて東京に帰ることになり、文無しの子規は漱石から大枚十円を借りている。ところが、「帰りに奈良へ寄って其処《そこ》から手紙をよこして、恩借の金子《きんす》は当地において正に遣い果たし候とかなんとか書いていた。恐らく一晩で遣ってしまったのだろう」と漱石が語るように、子規は奈良で派手に遊び柿《かき》を食らい、そして、あまりにも有名な一句を詠んだ。

「柿くへば鐘が鳴るなり法隆寺」

それは多分十月二十七日か二十八日のことであったであろう。その日、柿をがぶりとやっては漱石を思い出し、句をひねっては親友のことを偲《しの》んだ、としても、それほど牽強付会《けんきょうふかい》な新説ではあるまい。

なぜなら、松山の「子規記念館」に子規の面白い友人果物見立て帳があり、そのなかで漱石は「柿」にされ、「ウマミ沢山、マダ渋ノヌケヌモノモマジレリ」と書かれている。さらに、それ以前に漱石が作った句「鐘つけば銀杏《いちょう》ちるなり建長寺」というのがあるから。奈良で子規はこの漱石句をついでに思い出していたのかも知れない。要は友情の句なのである。

261 「糊《こ》口《こう》の為になすべき物ならず」——樋口一葉の抗議　一八九六年

明治二十九年（一八九六）十一月二十三日に、名作『たけくらべ』や、『にごりえ』の作家・樋《ひ》口一葉《ぐちいちよう》がわずか二十四歳で逝った。見舞いの馬場孤蝶《ばばこちよう》が「年が明けたらまた来ます」というと、死を覚悟している彼女は答えたという。「その時分には私は何になっていましょう。石にでもなっていましょうか」惜しんでも余りある早世であった。

このペンネームは、達磨《だるま》大師が蘆《あし》の一葉に乗って天竺《てんじく》から中国に渡来した、という故事にちなみ、「達磨さんにはお足《あし》がない、そして私にはお銭《あし》がない」というシャレから出たものであるという。彼女はそれくらい洒落《しやれ》た江戸の娘であり、その日記を見ると大変なやじ馬、よくいえばジャーナリストである。そして彼女の文学はまさに戸主として母と妹を抱え、生活を支えるオアシを得るためのものであった。そうではあるが、

「文学は糊《こ》口《こう》の為になすべき物ならず。おもいの馳《は》するまま、こころの趣くまま筆は取らめ」

と悩みぬいた果ての結論に彼女は達するのである。しかし、その一方で、心の奥底に、

「我れを訪う人十人に九人までは、ただ女子なりというを喜びてもの珍しさに集うなりけり」

とも日記に残すほど、真に自分を知ってくれる人のない淋《さび》しさに堪え、女であることの差別に対する抗議を秘めていた。この孤独感こそが彼女の芸術を支えていたといえる。

262「妻をめとらば才たけて」——与謝野鉄幹の「人を恋ふる歌」——一八九七年

旧制高校の時代、何かと感激して朗々とやる友がいた。

「妻をめとらば才たけて／顔《みめ》うるはしくなさけある／友をえらばば書を読みて／六分の侠気四分の熱」

与謝野鉄幹の長編詩「人を恋ふる歌」の第一連である。いまもときどき結婚式で、最初の二行を口にし、花嫁さんの才色兼備と豊かな情操を讃える白髪のおじさんがいたりする。

さらに第四連の「あゝわれコレッヂの奇才なく／バイロン、ハイネの熱なきも／石をいだきて野にうたふ／芭蕉のさびをよろこばず」も、われらロートルはやたらに歌った。

この詩には（明治三十年八月京城に於て作る）と副題がある。明治三十年（一八九七）といえば、日清戦争後の、国家隆昌と歩調を合わせ、日本人は意気を燃やしているとき。なるほど三国干渉で高くなりすぎた鼻を折られたの感はあるが、それゆえ富国強兵と臥薪嘗胆とが強く叫ばれてもいた。この詩は、そうした時代の益荒男《ますらお》ぶりに似合う凜々たる文句がちりばめられている。ある意味では昔の日本人の青春謳歌を象徴する詩であった。

いまの若い人共通の青春の歌は何か。壮士風の、威勢のいいばかりのも褒められたものではないが、何もないのも、寂しすぎますな。

263「われは処女となりにけり」——島崎藤村『若菜集』の刊行

一八九七年

日本の近代史の歩みからいって、明治三十年（一八九七）八月二十九日に春陽堂から刊行された島崎藤村の『若菜集』は一つのエポック・メーキングとなったのではないか。七五調の新体詩が作られるようになってから、まだ間もないときとはいえ、この詩集によって日本詩としての統一が出来上がった。言い換えれば、詩の本質としての「ポエトリー」の意味を確実にしたのである。

その自序に、藤村は「吾歌《わがうた》はまだ萌出《もえだ》しままの若菜なるとや」と書いているが、つまり、みずからの詩を新抒情詩《しんじよじようし》の若菜であると宣言した。

そして『若菜集』なら、まず「初恋」——まだあげ初めし前髪の／林檎《りんご》のもとに見えしとき／前にさしたる花櫛の／花ある君と思ひけり……なんだが、ここは別の詩で。

「処女《おとめ》ぞ経ぬるおほかたの／われは夢路を越えてけり／わが世の坂にふりかへり／いく山河をながむれば／水静かなる江戸川の／ながれの岸にうまれいで／岸の桜の花影に／われは処女となりにけり」

これは「六人の乙女」の一部分。感傷の歌のいたるところに優美な情がただよっている。「岸の桜の花影にわれは処女となりにけり」と、ロマンチックになんども口に出したくなる。

264「こげんなお人じゃなかった」——西郷さんの銅像除幕式 ——一八九八年——

西郷隆盛の銅像は、地元の鹿児島と東京の上野公園の二ヵ所にある。どっちが立派で、どっちが西郷さんによく似ているのか、なんて質問されても困る。なにしろ日本で一回しか五十年前に足を踏み入れたことのないのが鹿児島県なんだから、答えようもない。

上野のお山の西郷さんには悪ガキの時代からしょっ中お目にかかっている。ちかごろは周りに外国人がごろごろしているんで、何となく近づくのがおっかなくなっている。純粋日本人の西郷さんも、国際化時代とはいったいどういうことかと、さぞや困惑していることであろう。

この銅像の除幕式が行われたのは、明治三十一年（一八九八）十二月十八日。明治憲法が発布されたとき、天皇によって賊名が除かれた。そこで幼少時からの親友吉井友実《よしいともざね》が中心になって銅像建設の計画が進められ、この日を迎えたのである。制作者は高村光雲。

建設のための陣痛がやっと終わり、大日本帝国も近代国家としての自信をもちはじめたことを語っている。恩讐《おんしゅう》の彼方に、の言葉のままに、敵味方もなく上野の山に集うたとみえる。

残された逸話として愉快な話がある。式に列席した糸子未亡人は一目見るなり、

「こげんなお人じゃなかった」

とつぶやいたそうな。

265「インテリゲンチャ」――幕臣榎本武揚の語学力　――一九〇八年――

幕末の海将・榎本武揚《えのもとたけあき》といえば、東京は向島の桜堤のはずれに彼の銅像が建っていて、子供のころにそれによじ登って怒られた思い出がある。何度も大臣になったが、決して地位を利用して蓄財などをせぬ清廉な江戸っ子であった。晩年は向島の風光を愛し、酒を飲むのを唯一の楽しみとしていたという。百花園のなかの「朧夜《おぼろよ》や誰《た》れを主の隅田川」という句碑を下手くそだなと評し、「隅田川誰れをあるじと言問はば鍋焼《なべや》きうどんおでん燗酒《かんざけ》」とさっそくやり、「どうだ、上手《うま》いだろう」と言ったというエピソードなんか、実に微笑《ほほえ》ましい。

また、加茂儀一氏によれば、榎本は語学の天才であったという。英語、オランダ語、ロシア語、ドイツ語、フランス語の五カ国語を自由に駆使した。「インテリゲンチャ」とか「デモンストレーション」といった言葉を最初に使ったのは、実はこの人であるというから、びっくりする。

向島の自邸で亡くなったのは明治四十一年（一九〇八）十月二十六日。享年七十二。本書は十九世紀末までで終りの予定であったが、向島にゆかりをもつこの人だけは、例外として入れることにする。五稜郭の闘将がこんなときまで生きていたとは。それにしても死に遅れたの想いがこの人にあったのではないか。風流に徹したのはそのせいと思えてならない。

266「歴史の面白さはエピソードにあり」——あとがきに代えて

〝ことば〟とは言の葉、樹木の幹ではなくて一片の葉っぱである。切れっぱしである。でも「歴史の面白さはエピソードにあり」といわれるそのエピソードに葉っぱは相当するかと思う。日本の歴史には、華々しく、あるいはひっそりと登場し、何事かをなし、急ぎ足で退場していったすばらしい人々がいる。そうしたいろいろな人が残したさまざまな〝ことば〟がある。立派な言葉、情けない言葉、力強い言葉、愚かしい言葉……それらをつないでいけば、いわゆる「本紀」ではなく「列伝」になってしまうけれど、一風変わった、知って楽しい日本史が編めるのでないか。つまりそれが本書で、歴史を知らざるいまどきの若い人に捧げたい。

これらの〝ことば〟を、単に遠い昔の人の話と受けとるのはよろしくない。歴史が現代の延長でなくて何であろうか。歴史をつくってきた人物が自分たちと同じ人間であり、現在にそのまま生きていると身近に感じられなければ、歴史を読んだり語ったりする意味はない。自分たちのいま生きるための糧がこの葉っぱにあるのである。

本書は二〇〇一年一月一日から十二月三十一日まで、熊本日日新聞、徳島新聞、高知新聞、山陽新聞、大阪新聞、岩手日報に「歴史のロゴス」のタイトルで毎日連載されたコラム（一話四二〇字）を基本にしている。新聞社の要望もあり、内容は掲載日、あるいはその前後の日に関連ある話を主にした。休刊日にお構いなく書いたから、全部で三六五話あることになる。が、そのために無理矢理に採り上げた話題も若干あり、重複もあり、話そのものが単なる字句解説で面白くないのもあった。本書をまとめるに当たって、編集者の山本明子さんと相談し、一話の字数を増やして（五八〇字）少しでも内容を豊かにし、下らないのはカットしすっきりしたものにすることにした。自分では踏ん切りのつかないところを、有能な山本さんは厳しい眼光のもとバッタバッタと整理してくれた。有難いことであった。

主たる参考文献は別に記した。これらの著者と出版社に厚くお礼申し上げる。

それにつけて思うのであるが、歴史探偵を自称しているゆえ、ほんとうに多くの書物を渉猟した。そして日本の出版文化の偉大さ豊かさに目をみはった。とにかく探せば何でもでてくるといっても過言ではない。まことと大いなる文化国家日本である。その出版文化がいまや読者がいなくなり、存在理由を失いつつあるというではないか。それで日本国が国際社会のなかの一員として、これからの人類の歴史づくりに参画していけるのかなと心から憂えている。

なお、和歌と俳句をのぞいて、若い人のために引用文献は常用漢字、新かな遣いとし、読みやすいように句読点をほどこし、難しい漢字はひらいたものもあることをお断りしておく。

二〇〇二年二月二十二日　　　　半藤一利

平凡社ライブラリー版　あとがき

二〇〇一年一月から地方新聞のコラムとして連載したときは「歴史のロゴス」という総タイトルをつけた。二〇〇二年四月に編集を新たに一冊の本として出版したときは『この国のことば』とそれを改めた。いま、平凡社ライブラリー版での再度のお目見えにさいしては、またまた表題を『名言で楽しむ日本史』と変えることにした。

読者を困惑させることにおいて、これ以上のものはないであろう。わが脳ミソのヨロヨロをお詫びする。『この国のことば』は、あらためて申すまでもなく、司馬遼太郎さんの『この国のかたち』にあやかったもので、何とも知恵のない、他人の褌《ふんどし》で角力《すもう》をとるような、あなた任せの命名であった。編集の山本明子さんが渋るのをあえて押しきったことを想い起こすと、恥ずかしく穴があったら入りたい……いや、これはまた陳腐きわまりないいい方で、せっかくの名言集の本書が泣く……で、断腸の想いである（まだこっちのほうがマシか）。

断腸といえば、この言葉から李白とか杜甫とかの漢詩を想起する人が多いであろう。李杜のみならず、中国の詩人たちは断腸という詩語を盛んに使う。白居易の「長恨歌」にもある。

夜雨　鈴を聞けば　腸断たるる声

これが日本に渡ってきて、八世紀の『万葉集』にもすでにこの語がちらほら見えている。たとえば、大伴旅人の「凶問《きょうもん》に報《こた》ふる歌」（七九三）の序文にそれがある。「禍故《かこ》重畳《ちょうじょう》し、凶問累集す。永く崩心の悲しびを懐《いだ》き、独り断腸の泣《なみだ》を流す」その意は、悲しみの極み、である。ふつうの日本人ならば、胸が痛むといいたいところ。喜怒哀楽を感ずる「こころ」が、日本の詩人と違って中国の詩人は胸でなくて腹にある、というのもすこぶる面白い話で、一席弁じたいところであるが、本題ではないので省略する。と、脱線したような「あとがき」となったが、要するに今回は妙に凝《こ》りに凝って、あとで「断腸の泣を流す」ことのないように、内容をそのまま示すようなわかりやすいタイトルに改めたことを申しあげたいのである。

こんどまた読み直してみて、名言といいつつ妄言、迷言、愚言、世迷い言もまじっているようであるな、それに、人物の採りあげ方がかなり恣意的であるな、といくらか反省している。オイオイ、いくらかどころじゃないぞ、というご意見があれば、それらをすべて頭をかきかき容認する。編集者時代から歴史に入れこんで、ずいぶんと本を読んできた。いわゆる乱読なんであるが、つまりはその成果、いや、正確にいえば大いなる乱読の勝手な愉楽の結果が本書、ということになる。読者にはただただ楽しんで読んでもらえればいい、と念じている。

二〇一〇年三月二十七日　一〇六年前の「杉野は何処《いずこ》、杉野は居ずや」の日

半藤一利

［参考文献］

『日本全史』　講談社
『日本史歳時記三六六日』　小学館
『史話３６６』　ＴＢＳブリタニカ・ジャパン
『三六五日事典　今日はどんな日か』　社会思想社
『日本架空伝承人名事典』　平凡社
『近代日本総合年表〈第三版〉』　岩波書店
板坂元『日本文学三六五日』（全二巻）　講談社
〈演劇界〉編集部『芝居名せりふ集』　演劇出版社
加来耕三『人生を見きわめた最期のことば』　講談社
川村二郎『一杯目と二杯目の合間に』　朝日新聞社
木村尚三郎・外山滋比古・村山吉廣
　『名言の内側』（全二巻）　日本経済新聞社
轡田隆史『今日はどんな日』　朝日新聞社
故事ことわざ研究会『人物一日一言事典』　アロー出版社
谷沢永一『名言の智恵　人生の智恵』　ＰＨＰ研究所
寺澤正・森雅央『話の歳時記』　保険毎日新聞社
中野好夫『一日一史』　筑摩書房
鳴瀬速夫『戦国武将のひとこと』　丸善ライブラリー
日本文学報国会『国民座右銘』　朝日新聞社
復本一郎『俳人名言集』　朝日新聞社
増原良彦『日本の名句名言』　講談社
山田風太郎『人間臨終図巻』（全二巻）　徳間書店
「日本の名句名言６６６」雑誌「國文學」
　（昭和56年7月臨時増刊号）　學燈社
「鑑賞・日本の名歌名句１０００」雑誌「國文學」
　（昭和52年11月臨時増刊号）　學燈社
（右の二冊にはほんとうにお世話になった。心から謝意を申し述べます）

索引(作品名)

＊数字はページをあらわす

【か】

【き】

【く】

【け】

索引（人名）

＊数字はページをあらわす

平凡社ライブラリー　702

名言《めいげん》で楽《たの》しむ日本史《にほんし》

発行日…………2010年6月12日　初版第1刷
2023年6月8日　初版第8刷

著者……………半藤一利

発行者…………下中美都

発行所…………株式会社平凡社
〒101-0051　東京都千代田区神田神保町3-29
電話　東京(03)3230-6579[編集]
東京(03)3230-6573[営業]
振替　00180-0-29639

印刷・製本……藤原印刷株式会社

DTP…………平凡社制作

装幀……………中垣信夫

ISBN978-4-582-76702-5
NDC分類番号210
B6変型判（16.0cm）　総ページ304

平凡社ホームページ https://www.heibonsha.co.jp/

落丁・乱丁本のお取り替えは小社読者サービス係まで
直接お送りください（送料、小社負担）。